東農大オホーツク流
プロ野球選手の育て方
~氷点下20℃、北の最果てから16人がNPBへ~

樋越勉

日本文芸社

はじめに

この本では、前著の『雑根バイブル』（東京農業大学出版会）で主題となった組織作りだけでなく、人材の発掘・育成についても着眼している。

東京農業大学北海道オホーツクキャンパスの硬式野球部で、ゼロから組織を作り、全国大会ベスト4が2回、日本のプロ野球界（NPB）に16人の選手を輩出するまでに押し上げた経験は、どの社会でも生きることだ。

いかにして、人と付き合い、人を動かし、人を見極めていくのか？

私はプロ野球の世界に何人もの教え子を送っているが、人を見抜いたり洞察したりする力があったからこそ今があると思っている。

しかし、私の教え子たちが野球でレギュラーだったからといって、社会でもレギュラーになれるわけではない。それはまた別の話だ。卒業後、社会の第一線で活躍している教え子の中に、野球では補欠だった者も多くいる。自分が信念を持って生きれば社会でトップクラスになれるのだ。

大学4年間は社会に出る一歩手前の最も大切な期間だ。考え方も体も子供から大人になる時間であるし、大学には日本全国からあらゆるバックボーンの人間が集まってくる。文化も言葉も方言も生活風習も違ったりする。そこで4年間揉まれ、身近にトップアスリートになる人がいる環境は、一生の宝物になる。

もちろん、北海道・網走という厳しい環境の場所だったからこそ、これだけの人材が育ったのかもしれない。植物は「果実は暑い時ほどすごく甘くなる」「寒い冬には良い種ができる」とよく言う。人材も同じではないか。

僻地で寒さも厳しい土地ではあるが、一番良いのは雑音が入りにくいところだ。勉強と野球と人間関係の3つに絞られた中で、ひたむきに4年間を過ごす。

そして、巣立っていったOBの数の分だけ、秘話や育成術がある。この本では、組織作りだけでなく、そうした「人材育成」のノウハウも明かしていくので、一人でも多くの読者の参考になればと思う。

東農大オホーツク流
プロ野球選手の育て方
～氷点下20℃、北の最果てから
16人がNPBへ～

本書に掲載されている情報はすべて2021年8月時点のものです。

| SPECIAL INTERVIEW |

周東佑京

福岡ソフトバンクホークス

「あの4年間がなければ、今の自分はない」

東農大オホーツクから2017年育成ドラフト2位で福岡ソフトバンクホークスに入団。プロ2年目には支配下登録、一軍デビューを果たし、同年オフには侍ジャパンにも初選出。3年目には13試合連続盗塁の世界記録を達成するなど、シーズン50盗塁で初のタイトルを獲得。持ち味の快速で、文字通りプロの階段を駆け上がっている周東佑京。その原点は、氷点下20℃、極寒の地で過ごした「オホーツク時代」の4年間にある。

網走に行って受けた、最初の衝撃

――樋越監督と初めて出会われた時のことは覚えてらっしゃいますか？

周東　最初の記憶はそんなに鮮明ではないです。まだ高校1年生だったので周りから「今日、大学の監督が来るらしいよ」と聞いていたくらいです。声をかけられた記憶も特に無いんですよね。

――第一印象はどのようなものでしたか？

周東　すげえ怖そうな人だなと思いました（笑）。

――直接、勧誘を受けたのはいつ頃ですか？

周東　いつくらいですかね？　2年の秋くらいだと思います。

――現在でも武器である俊足は当時から既にプロのスカウトに知れ渡っていたと聞いているのですが、そんな中でオホーツクに行くことを決めたのは、どのような理由ですか？

周東　プロの方にも観ていただいていたのは知っていましたが、当時の僕はプロに興味も無く、行けるとも思っていませんでした。そんな中で樋越監督が何度もずっと「俺がプロに行かせるから」と言ってくださったので、それが決め手になりました。

――北海道・網走に行くことへの抵抗はありませんでしたか？

周東　最初は本当に行きたくありませんでしたよ。高校3年の夏（群馬大会決勝で、その後日本一になった前橋育英に惜敗）が終わった後に見学に行った時に、周りに何も無いですし、寒さのことも聞いていましたから。正直、東京の大学に行きたい気持ちもありました。でも、野球に本気で打ち込むのが最後になるかもしれない4年間になると思ったので、中途半端にやるくらいだったら、しっかり野球に打ち込める環境がいいとも思いました。

――やはり最初に現地へ行った際の印象は鮮烈なものがあったんですね。

周東　はっきり覚えてますよ。すっごい田舎だなって。

――僕もいろんな地方大学へ取材に行きましたが、断トツで田舎ですよね。

周東　ですよね（笑）。

――覚悟を持って、網走に行ったかとは思いますが、最初は特に大変ではなかったですか？

周東　大変でしたね。雪がヤバかったですし、地獄でした。

——いくらかお金を積まれても、あの4年間はやれませんか？

周東　絶対行かないですね。もう二度とやりたくないです（笑）。

——何が辛かったですか？

周東　なんでしょうね……うーん……寒いのもキツかったですけど、だんだんとは慣れてきました。でも、朝早くから寒い中での練習はキツかったですね。しかも「学校まで走って行け！（約7キロ）」ですから。「無理だろ！」って思いました。

——最初にその7キロ走をやったのは、いつ頃ですが

周東　沖縄キャンプから帰ってきた4月くらいですかね。4月と言っても網走は寒いですし、雪も残っていますから「なんでそんな中で走って行かなきゃいけないんだよ」って思っていました。1年生の仕事で夜がそんなに遅くなることはありませんでしたが、朝練が6時からなので5時半までには寮を出ていました。

——樋越さんは「あの辺りは白夜で朝方から明るいから練習しない理由は無いんだ」と仰っていましたが、とはいえ早いですよね（笑）。

周東　早いし眠いし「バカだな」と思っていました（笑）。それでも僕らの代は辞め

る人間はいなかったはずです。

――キツイ中でも耐えられたのは、なぜでしょうか？

周東　逃げる場所が無かったというか……親から「頑張ってきてね」と送り出されて来たので逃げられないと思ったし、樋越監督からも「プロに行かせる」と誘ってもらい、期待してもらっていたので、そこは裏切りたくなかった。だから「耐えた」というより「頑張らないといけない理由」が多かったということですね。

――あの立地と周囲の環境だと、野球と勉強以外にやることは何かあるんですか？

周東　無いですよ。カラオケと……カラオケくらいです（笑）。映画館も隣町の北見のイオンにしかありませんでした。大学生にもなって休日に遊びに行くところがイオンですよ？　考えられないですよ（笑）。

――「ご実家（群馬県太田市）の近くの山でウサギを追いかけて足が速くなった」というエピソードを聞いたのですが、それでもやっぱり網走の方が田舎ですよね？

周東　実家と張るくらいですけど、遊びに行くところはありましたからね。だから網走では、野球して、授業受けて、野球して、という生活でした。

――1年生の頃から試合に起用してもらっていたんですよね。

周東　はい、春季リーグから起用してもらい、秋季リーグからは外野手のレギュラーでした。

――1年秋に初の全国大会である明治神宮大会にも左翼手でスタメン出場されましたね。

周東　初めてで緊張しましたね。人生においても「全国大会」に出るのは初めてだったので。でも先輩たち（4年に風張蓮、玉井大翔、3年に井口和朋など）が頼りになる人ばかりだったので、僕は思いきってやるだけでした。

――準決勝にも進出して、全国大会に行く選手やプロ野球に行く選手のレベルも肌で体感することができましたか？

周東　東都や東京六大学の強さを感じましたし、より中央の大学には負けられないという気持ちが生まれました。自分が活躍したわけではなかったので、自信がどうこうというより、あのレベルを肌で感じることができたことが良かったです。

――あの時、東農大北海道オホーツクの選手たちが、11月中旬の神宮球場のナイターにもかかわらず半袖ばかりだったのが印象的でした。

周東　そうです。僕、ノースリーブで出ていましたよ。寒くないんですよ、全然（笑）。

ちょうどいい気温に感じました。

――明治神宮大会を終えてから、初めて網走で冬を迎えたと思うのですが、寒さなどはいかがでしたか？

周東　1年目はキツかったです。かいてもかいても雪が降るので、時間が経つと「さっき雪かきしたよね？」「意味あるのかな？　この作業……」って気分になるんですよ。翌日にバスが出やすいようにとか理由はあるのですが、翌朝になるともっと積もっていて、一日が雪かきから始まるんです（苦笑）。

――それは「やって意味あるのかな？」と思いますよね（笑）。早朝の7キロのランニングも、今は長い距離は走らないチームもありますが、同じように「意味あるのかな？」と思ったりしますか？

周東　キツかったですね。でも、必要か必要じゃないかと言えば必要だと思いますよ。練習する体力が無ければ、練習も（数多く）できませんから。大学の時に走っていたからこそ、プロに入ってからも、技術練習の質の高さでキツイことはあっても、ランメニューで苦労することはありませんでした。反復練習するにも体力は必要ですから役に立ったなと思います。

「プロを目指せ」と言われ続けた4年間

――樋越さんから口すっぱく言われていたことはありますか？

周東　「お前はプロを目指せ」ということですね。それはもうずっと言われていました。1年生の時からどんな時もですね。「とにかく目立て」ともよく言われていました。

――プロへの意識というのは、いつ頃から芽生えてきましたか？

周東　1年生の時に4年生だった風張さんがプロに行ってからですかね。一緒に練習していた身近な先輩のそういう姿を見て、「プロは近くもないけど、そう遠くもない場所なのかな」と感じることができました。「もっと頑張ろう」と思えたしプロを目指そうと思えたきっかけになりました。

――「足だけの選手になるな」という指導もよくされたんですよね？

周東　はい、「しっかりバットを振れ」ということはずっと言われていました。「遠くに飛ばせるように練習から力強く振りなさい」と。

――俊足に加えて、現在の1つの武器でもあるのが「内外野守れる」ユーティリティーさだと思うのですが、その基礎が身についたのも大学の頃ですよね？

周東　高校までは内野しかやったことがなかったのですが、大学で下級生の頃は外野を守るなど様々なポジションを守らせてもらったのが今も活きていますね。外野の感覚を掴むことは最初大変でしたが、先輩にコツを聞いたりして守れるようになっていきました。

――足も4年間で速くなりましたか？

周東　速くなりましたよ。高校時代よりもいろんなトレーニングをするようになりましたし、体も大きくなって筋力も強くなって、足が速くなりました。

――樋越監督は、時期によっては高校生の勧誘などグラウンドにいないことも多いと思うのですが、コーチの方などに任せるのも上手だった印象はありますか？

周東　確かにそうですね。いない期間は結構ありました。それでもコーチの方と話して、選手一人ひとりを見ててくれていて凄いなあと思いました。だから、監督がいないからといって練習が緩むということは一切ありませんでした。

――「野球をやるしかない」環境ということで、いつでも練習に打ち込むことができたのも大きかったでしょうか？

周東 でも、雪も多いですし、施設の使える時間に限りもあったので、そこは「決められた時間内に、いかに効率的にやるか」ということの方が身に付いたのかなと思います。

――特に冬場はやることも限られますし、オホーツクドームも使用できるのは早朝から正午くらいまでですよね。

周東 そうですね。午前中だけとか午後の5時から7時とか時間が決まっていました。

――「やれることが限られているからこそ」という部分は大いにありましたか？

周東 ありますね。「限られているから、できない」ではなく「限られているから、より良くできるように」と選手みんなが常々思っていました。そこはすごく考えながらできました。

――加えて、あの場所に行く覚悟というものもありますもんね。

周東 「野球をやるため」に大学へ来た選手が多いので、そこの意識は高かったですね。低かったら「なんで、わざわざ来たの？」という話ですから。その意識の高さはありました。

――「冬場に漁港でアルバイトする」という話も聞いたのですが、周東選手もされましたか？

周東　それは僕らの1年の時で無くなって、僕は山崎パンの工場でしたね。ＯＢの方が就職されているので、北海道の恵庭でやったり、千葉の松戸、東京の小平などに散らばって、春のキャンプのためのお金を稼ぎに行っていました。帰省する年末前とキャンプ前の2月の時期で約1週間ずつですね。

――このアルバイトの経験も生かされていることはありますか？

周東　やっぱりメチャクチャきついので親に感謝しました。「お金を稼ぐのって、こんなに大変なんだ……」って。このアルバイトは、ひたすら同じことを繰り返すのを、頭おかしくなりそうなくらいやるので苦痛でしたね。

――時間はどれくらいなんですか？

周東　夜勤で入るので、夜9時から朝6時くらいまで（休憩1時間含む）だったと思います。

――パンの上に具を乗せたりするような仕事ですか？

周東　そうです、そうです。あとはカップをひたすら並べるとか。キッくて発狂しそうなくらいでした（笑）。野球の練習している方が全然いいなと思って、2月は「早くキャンプに行きたい！」という気持ちになりました。

――ではキャンプが始まると「やっと野球ができる！」という気分になるわけですね。

周東　暖かいところ（沖縄）でできるというのもありますし、そういう気持ちになりますね。

育成指名でのプロ入り

――3年秋から4年春まではキャプテンもされていたんですよね。

周東　周りがしっかりしてくれていたので、だいぶ楽でした。そんなに僕から言わなくても、パパッとやってくれていたので。

――プロ入りが懸かった1年はどのようなものでしたか？

周東　4年生の時というよりも、樋越監督から3年生になる前に「この1年がどれだけ大事か」ということを言われました。「4年になってから結果を出しても遅い時があるから、3年のうちから結果を出しておきなさい」と言われていました。だから3

年生の時の方が「いかに結果を出せるのか」ということを考えていました。（そうして結果も出たので）４年の時に切羽詰まるのではなく、気持ちに余裕を持って思いきってプレーできて良い結果に繋がりました。

――様々な経験をされたとは思うのですが、大学４年間で最も成長したところはどんなことだと考えますか？

周東　練習していれば技術的にも上手くなると思いますし、体もどんどん成長してくるとは思います。だけど高校の時までは、同じ練習をずっと繰り返すということを、ちょっとやったら飽きてしまって、できませんでした。でも、大学に入ってからは周りの選手を見ることもそうですし、監督・コーチらいろんな方と話す機会も多かったので、その中で同じ練習をずっと繰り返すことの大事さだとか、そういう部分が成長できました。練習に対する考え方とか、ちょっとした意識の部分が変われたと思います。

――樋越監督がプロへ行く周東選手について「あまり出しゃばる性格じゃないので不安に思っていた」と仰っていたのですが、ご自身ではどのように感じていますか？

周東　なんて言うんですかね、自分から言って何かするタイプではないですし、たとえ周りがやっていなくても「俺はやるよ」ってタイプです。監督からキャプテンに任命された時は「なんでだよ」と思いましたが、今となればやって良かったなと思います。自分が出せるようにというか、遠慮なく周りに言うべきことが言えるようになりました。

――ドラフト当日の緊張はありましたか？

周東　無かったですね。行けなかったら行けなかったで練習不足だから仕方ないと思っていました。指名されても「ホークスか」と思ったくらいで（笑）。でも、周りの仲間がすごく喜んでくれましたね。

――プロへ行くにあたって樋越監督から言われた言葉で印象的なものはありますか？

周東　「育成からスタートだけど、うちから育成でプロに行って支配下に上がった選手もいるから、野球だけ死に物狂いでやってアピールしてこい」「猶予が3年あると思うな。半年、遅くとも1年以内には上がるつもりでいないと終わるぞ」と言っていただきました。

――あらためて東農大北海道オホーツクを選んで良かったと思うことはどんなことで

しょうか？

周東　「環境が悪いからできない」ではなくて「限られた環境でも、どうにかできるようにしよう」という「考える力」を4年間で身につけられました。変な言い訳せずにできるようになったのも、あの4年間のおかげです。きつい時期があっても「大学4年間に比べたらマシ」と今も思います。

――冒頭で「地獄」という表現をされていましたもんね（笑）。

周東　はい、もう行きたくないです（笑）。周りの友達を見て「うわ、東京の大学に行ったら遊べてたじゃん」と思ったこともありますし「実家帰りたいなあ」と思う時期もありました。そういう時期も乗り越えて、メンタル的に強くなれました。「あの4年間があったから今がある」ということは自信を持って言えます。

――あらためて樋越さんはどんな方でしたか？

周東　最初からずっと「怖いな」と思っていましたけど、卒業してから気付くことばかりですね。卒業してから監督と連絡を取ったり食事に行く機会も増えて、より話をするようになって本当に「部員一人ひとりを見てくれて、それぞれに合ったアプローチをしてくれてありがたいな」と思います。レギュラー・控え・裏方関係なく、いろんな面から見てくれていたんだなと思います。

——手綱の引き方とか鞭の入れ方がとても上手な印象です。

周東　うん、そうですね。しっかりやる時は締めますし、プライベートでは良い意味で気を遣わずに接することができます。昨年もシーズン終わってから「まだまだレギュラーじゃないぞ。1年間通してはまだできていないぞ。ある程度結果を出したからこそ来年頑張らないといけないぞ」と言ってくださいました。

——後輩たちにエールはありますか？

周東　4年間しっかり頑張れれば、野球を続けるにしろ、続けないにしろ、社会で活きることも多いと思います。また苦しい時に大学4年間を思い返せば「あの時の方がキツかった。今は大丈夫」と思えるはずです。だからこそ、4年間頑張って欲しいですね。

——面と向かっては言いにくいと思いますが、最後に樋越監督への思いをお願いします。

周東　もともとは大学で野球をやるつもりさえ無かった高校生の自分のもとに、たくさん足を運んでくださって、いろんな話をしてくださったから、大学に行くことになりました。あの4年間が無ければ今の自分はありません。オホーツクの環境が自分を作ってくれましたが、それは樋越監督がいてこそ。感謝してもしきれないほどなので、本当にありがたいです。

第一章

北の最果てへ——

衝撃の景色

1990年5月26日、私は北海道へと旅立った。東京農業大学生物産業学部（現東京農業大学北海道オホーツクキャンパス）に赴任するためだ。当時、東京から女満別空港への直行便は無く、新千歳空港からはプロペラ機で飛んだ。窓の下に見えるのは、住宅はまばらな広大な大地。東京育ちで生まれてからの33年間を都会で暮らしていた私にとっては衝撃的だった。

「ここで野球ができるのだろうか……」そんな不安に駆られたことを30年以上が経った今もハッキリと覚えている。

私は1週間前まで農大の世田谷キャンパスの硬式野球部でコーチを務めていた。その時に出された辞令から1週間の出発だったため引っ越しの準備すらできず、ユニフォーム2着と野球道具一式のみをバッグに詰めていた。

世田谷キャンパスの硬式野球部は「戦国」とも称される東都大学野球連盟に所属。「学生野球の聖地」神宮球場を東京六大学野球連盟とともに本拠地とする大学球界を牽引するリーグだ。

一方で、これから私が赴任する北海道オホーツクキャンパス（以下、オホーツク）の野球部は北海道学生野球連盟に所属。今でこそ私が約30年率い、ＯＢの三垣勝巳が後を継いだオホーツクが全国大会上位に進出することは珍しくない。また、苫小牧駒澤大（現北洋大）の右腕・伊藤大海くんが２０２０年のドラフト会議で日本ハム１位指名を受けるまでになったが、当時は六大学や東都といった中央球界からは大きく後れを取る存在だった。

オホーツクキャンパスの硬式野球部は平成元年に創部。翌年から強化が始まり私に白羽の矢が立った。４部リーグを制して3部リーグに上がってはいたが、東都で現役時代とコーチ時代を過ごした私からすると、まるでサークルや草野球のような雰囲気に映った。

初めてグラウンドが車から目に映った際、その白さに「5月なのにまだ雪が残っているのか」と思っていたら、白いぺんぺん草だった。雑草が生い茂り、野球場と呼ぶにふさわしいものではなかった。職員にとって異動の辞令は絶対だが、大きな不安が募った。

農大との縁は、私が通っていた日本学園高校（東京都世田谷区）の校友会の理事が農大の学長（鈴木隆雄先生）だった縁から始まる。正直なところ、明治大に行きたくて野球部のセレクションにも行ったのだが、夜間学部の枠しか当時はなかった。受かったのは政治経済の2部。夜間学部だったことで、母親は教員免許を取れないことを懸念した。

5歳の時に父を亡くして貧乏だったが、母は女手一つで私と姉を育ててくれた。母はもともと教員になりたくて、私には教員を取って欲しいという願いがあった。また、鈴木先生も「理科の教員免許を農大で取って日本学園に帰って来い」と言ってくださった。貧しい中、親に苦労かけてまで大学に行かせてもらったので逆らえなかった。

ただ、もし明治大に行っていたら野球を続けていたかどうか。農大で人に恵まれたからここまで野球を続けてこられていると思う。俺を入れてくれた松田藤四郎理事長（当時）はお子さんがいなかった分、特に私を子供代わりに可愛がってくださったし、

「北海道でチームを作ってこい」と言ったのも松田先生だった。人との巡り合わせで人生がここまで変わるのか、と自身でも感じたことが、その後の選手発掘・育成、チーム強化に繋がっていった。

最初の失敗

最初の指導をすべくグラウンドに向かうと、そこには野球部とは程遠い雰囲気の選手たち。悪く言ってしまえば同好会の様な選手が30数名いた。挨拶をするとみんなは、明らかに不機嫌や嫌な顔で私を歓迎していないことは明白だった。まずはキャプテンと副キャプテンを呼んで、話をするとさらに愕然とした。

「僕たちは楽しい野球をやりたい。楽しくみんなで野球をやりたいので、当分の間はグラウンドに出てほしくない」

そう告げられた。私もまだ若かったので、その言葉に激高し呆れた。「勝手にしろ」

とグラウンドには出ないことにした。

今思えば反省もある。当時の私には何が起きたのかを考える余裕が無かった。職員として夕方4時半には仕事を終え、私が以降もとてもお世話になる近くの龍寿司という店へ毎日5時前には出向いた。単身赴任だったため、毎晩夕食を取ってフラフラと夜の街へ出ていった。

そんな日々が2ヶ月は続いた。さすがに「こんな事で良いのだろうか?」「何が原因なのか?」を考えてみることにした。

すると、どうやら私に対する誤った情報が広まっていたようだ。日本学園高校で監督をしていた時の教え子が何人かこの学部にいたため、彼らが私のスパルタのイメージを更に増幅させて、ここの野球部員たちに伝えていた。選手たちは本能的に「スパルタで追い詰められ、自分たちの野球が楽しくなくなる」と受け止めたようだ。私も私で、そんなこととはつゆ知らず、学生の立場を考えずに攻撃的な態度になっていた。導入の部分で失敗をしていた。

わざわざ北海道に来たフロンティアスピリッツを持った学生たちにとっては、頭から押さえつけられることに抵抗があったのだろう。その抵抗は激しく、夏が終わるころまでグラウンドに出ることはなかった。

結局、当時の野球部長だった田川先生（創設者）に促されてグラウンドに出る事になる。しかし、学生と私の間の野球観の違いは大きく、私から見たら中学生以下のレベル。本人たちは精一杯練習をやっているというが、私には到底その様な姿には見えなかった。

ここが、私の最初の組織作りの始まりの部分だ。ここで一番私が感じた事は情報の錯綜、悪い話の増幅、新しい学部の学生像をちゃんと私が考えなかった事。また、それを受け入れられなかった私自身の未熟さが、一番後悔されるところだと思う。

「学生（部下）の特徴を把握し、私自身がどんな人間かを知ってもらうこと」は組織作りの導入に一番大切な事だと思う。相手を知り、自分を知ってもらい相手の情報量、情報の質、相手の考え方を熟知してから組織作りに入る。これが一番大切な事である。出来上がった組織をもう一度作り直すという事は、並大抵な努力ではないかと考える。

本気を伝える

グラウンドへ戻って、最初に手掛けたことはグラウンド整備だ。冒頭に書いたように、雪かと思った白く覆われたグラウンド、シロツメクサやぺんぺん草（ナズナ）、クローバーが生い茂り、花が咲き、そこをミツバチが飛び回る。のどかではあるが、とても野球をやる状況ではない。石ころもかなり落ちていた。

そこで、大学に芝刈り機を借りに行ったが家庭用の小さな芝刈り機しかなかった。芝刈りで半日かけて、外野の半分がやっと刈れる状態。また、翌日半分を刈る。全体を刈るのに三日間くらいは有に掛かるが、最初に刈った部分は三日目にはまたシロツメクサが生えてきて咲き乱れる。そんな事を繰り返しながら、先ずグラウンド、野球環境を整える事で野球に向かう心を彼らに知って欲しかった。

野球用具も大いに不足していた。ある時、ノックをやるためにノックボールを持って来てもらうと、それは2つのバケツに入った真っ黒な硬式ボールだった。

驚いた表情で私がボールを見ると、「これがノックボールです」と言われたので、即座に「これがノックボール？」と聞き返した。道具を揃えることも私の仕事になった。

社会人野球で当時強豪だった、大昭和製紙（北海道・白老）に先輩がいたので、そこからボールやバットを送ってもらい、支援して頂くなど色々な所から道具を集めた。その中には世田谷キャンパスで使わなくなった打撃練習用のピッチングマシンもあったが、オホーツクの選手たちにっとっては「マシンが来た！」と驚き、喜んでいた。

こうして、彼らにだんだんと私の野球に対する情熱と真剣さが伝わっていった。一ヶ月くらいすると、選手たちも石を拾うようになり、道具を磨くようになった。

この時ようやく「もしかしたら本気になって野球をやるのではないか」という予感を持てた。選手たちに私の心も伝わり始め、野球に対する立ち向かい方も変わってきた。その一歩ずつが、組織の変革にも繋がってきた。

やはり、組織を作ろうとする人間が本気でその姿を見せた時にその組織が動き出すのだと確信した。

第二章

「人が育つ環境」にするために

デモンストレーション

平成2年の秋季リーグを終え、私はコーチから監督へと昇格した。平成元年に4部リーグから始まり3部昇格、そして3部優勝を目指すところまで来ていた。このタイミングで当時の北海道地区大学野球連盟が将来的な全日本大学選手権の出場枠拡大を睨み、札幌地区とそれ以外の地区で分割。北海道学生野球連盟と札幌学生野球連盟の2つに分かれた。

当部は北海道学生野球連盟の2部リーグで戦うことになり、目標であった1部昇格、全国大会出場により近い立ち位置に進むことができた。そこで私は冬のトレーニング、強化練習に入る前に選手全員を集めて話をした。

「今までは、選手の思い通りに好きなように野球をやらせて楽しくやらせてきたが、その方針を変える。勝つための野球。1部昇格。全国大会を目指す厳しい野球をする」

それを聞き、うなずく学生もいたが、嫌な顔をする学生もいた。しかし、私はその使命を受けてここに来ている事を何回も話した。その結果、30人弱いた部員はわずか6名に。その他の選手は退部してしまった。目標を下げることや目的を変えようなどと甘んじる訳にもいかず、6名でもやるしかなかった。翌春にはスポーツ推薦制度を導入して頂き、15名の学生を受け入れられる事になった。

しかし15名を取るにも新しい高校生を勧誘するにも、6名しかいない部に誰も来ないであろう。そこで今までいた部員に「もう少し部に留まって欲しい。次の高校生が来るまで留まって欲しい」とお願いしたが「辛い練習はしたくない」と断られた。

それでも私は引き下がらず折衷案として「高校生がこちらに来た時だけでも良いから、練習参加して部員でいてほしいと。バイト代としてお金も払う」とまで言って、なんとか了解を得た。

新1年生に見せようと思ったのは、規則正しさが強調される一糸乱れぬアップだ。それだけを2か月ほど練習させ、アップまでの統率は完璧なものとなった。より良く見せようと網走市営球場も借りた。

選手集めは、東京・日本学園高校で監督をしていた時の繋がりが大いに生かされた。

ちょうどバブルが絶頂から弾け始めた頃だったので、進学率はとても高く野球をやりたいという高校生が多い時期でもあった。

全国の高校監督に連絡し「新しいチームの歴史を作るため、がむしゃらに取り組める人間を送って欲しい」と頼んだ。こうした生徒たちに、我々の一糸乱れぬ統制の取れたアップは効果てきめんだった。15名のスポーツ推薦枠の選手が決まり、彼らはほとんどがキャプテン、副キャプテンの経験者だったこともあり、チームの礎を築く事に、この後大きく貢献することになる。

恩人

その中に帝京高校からくる四分一《しぶいち》秀明という選手がいた。父母会長を務め、私を30年以上経った今でも支えてくださる四分一明彦さんの息子だ。彼は帝京高校受験前に私が指導していた日本学園に興味を持ってくれて何回か会って話をした。その後4年ぶりに世田谷のセレクションでオホーツクに来てくれる選手を探しに行った際に、偶然再会することになった。

グラウンドで四分一さんを見つけ、「お久しぶりです」と声をかけた。四分一さんは満面の笑みで「監督元気だった？ 監督は今、何してるの？ 何故世田谷のセレクションにいるの？」と聞かれた。

私は現在北海道の学部で野球部監督している事を伝え、選手を集めている事を伝えた。是非とも、東京でなく、私に息子さんを預けて欲しいと頼んだ。彼は帝京高校では、それなりに投げている二番手投手であったが、力は十分ある選手だった。そして本人も北海道で頑張ってみたいと思ってくれた。

彼のように色々な私の人間関係で最初のスポーツ推薦学生が集まる事の基になっている。彼の他にも、私がとても親しくしていた農大野球部後輩の教え子たちのように、人とのつながりで出来た事だと思う。

ここで新しい事をやる時には、必ず犠牲は出る。遠のいていく人はいる。それでも指針を曖昧にしているとうまくいかない。自分の方針に沿って新しいものを作る意思のある者を集める。それが一番大切で、それがこれからの硬式野球部の礎を築く。

五つの誓い

ひと冬が過ぎ春から新しい高校生15名がスポーツ推薦で入って来た。チームに残った2年生以上6名と合わせた21名が新しい船出の船乗りになった。チームを作るにあたって彼らに伝えたのは、「とにかく勝つために執念をもって野球に取り組んでほしい」「スパルタだが、それについてきて欲しい」「必ずお前たちを1部リーグで優勝できるチームにするから」と言い聞かせてみんなを叱咤激励した。

グラウンドや道具の整備についても、大学側がかなり協力体制をとってくれて、だいぶ野球部らしくなっていった。

新たに必要とされたのは、この地で戦うことを決めてくれた15人の住まいだ。寮の設置を大学側にお願いしたが、網走市と大学開学時に「寮は設置しない」との協定を結んでいたので無理だった。学部生全員が下宿・アパートに住む事で地元に経済効果を及ぼす意図があったそうだ。

そこで私は野球部員だけを入れてくれる合宿所の協力者を探した。様々な模索をし、地元にお願いもしてみたが一向に埒が明かない。地元の建築会社のオーナー約5名に集まってもらう機会を得て、私たちの全国大会出場への情熱をぶつけてみたが、あまり理解されなかった。「東京出身の、どこの馬の骨ともわからない奴が夢物語を語っている」と思われたのだろう。

それでも何度も何度も説明会を続け協力を仰いだ。その中で私は『五つの誓い』を立てることにした。

一、2部リーグを優勝し1部に昇格する
二、部員を100名集める
三、1部で優勝し全国大会に出る
四、プロ野球選手を輩出する
五、全国制覇

聞いていた方々は呆れるというか、笑っていた。

「この田舎で、部員が100人集まるわけがない。1部優勝なんてできる訳がない。まして、プロ野球選手を輩出するなんて到底無理」

そう言われている気がした。北の最果て・網走で私が誓った五つの誓いは、夢物語にしか思えなかったのだろう。

最初にこの誓いを信じてくれたのは、当時の合宿所のオーナーである石丸さんだ。「ウチで建ててあげます」と2人1部屋の45部屋、90人が入居可能なアパートを建てて頂いた。これは我々にとってとても大きな前進であった。

私も一緒に寝泊まりする事も有り、一緒に食事をし、一緒に酒を飲み、一緒に風呂に入り、一からの野球部の人間作りが始まった。

自分で目標を立て言葉に出し、その目標に向かって努力する。そしてひとつずつ達成していく事で自信をつける。そこでまた次の目標に向かう。そういったことが大切であると、改めて感じたのだった。また、地元の風土、考え方、生き方を知りながら行動する事の難しさも知った。

タンポポ

まとまりも生まれチーム状態も良くなってきた。あっという間の春が来て5月のリーグ戦に向け急ピッチに色々な事が進み始めた。ここで今まで通りグラウンド、道具の整備、寮の整備など色々な事をきめ細かく指示し、それを選手たちが忠実にやり始めていた。少し大学の野球部らしくなり始めていた。

朝4時半頃に起き、5時にはグラウンドに立って練習をしていた。特に北海道の朝は早く2時半になれば夜が明ける白夜である。明るいからには練習しない理由は無い。

練習の前に必ずすることがあった。外野のタンポポを抜くことだ。これはどんなに彼らが手入れを細かくしていても、どこからか種が飛んできて花が咲いてしまう。彼らは練習が始まる前に監督の私に叱られないように、タンポポをひたすら、ひたすら摘み続ける。それが練習前の大変な作業だ。

しかし、それをやることにより彼らがグラウンドを大切にし、また、グラウンドをいかに良い状態にできるかを試行錯誤する様になったきっかけとなったのだ。

タンポポは朝に摘み取っても昼にはまた咲いてしまう生命力の強さがある。ただ都会から来ている選手たちは、そのことが分からない。蕾も摘み取らないと咲いてしまうのである。

また、朝日が上がり気温が上昇するとタンポポはあっという間に花を咲かせる。私はそれを知っているので朝はそれほど文句は言わないが、わざと昼休みにタンポポ点検と言って外野を回って歩く。すると必ず1、2輪は咲いている。それでまたグラウンドの整備が悪いと厳しく叱る。

何回も何回も繰り返していくうちに、彼らは学習をする。タンポポは根から取らないといけないと気が付く。蕾が有ればそれも摘まなければいけない。その試行錯誤こそ、野球が強くなる基になるのだ。要領の良さ、考える力、状況判断力だ。たかがタンポポを摘む事一つにしても、色々な学びの一つになるのである。

いわゆる「アンテナを張る」ということだ。しかし彼らはまだ子供なので、そこまでが精一杯である。ある時、「お前たちな、タンポポを刈るのは上手になったが、もう少し色々考えたら良いんじゃないか？お前たちは東京農業大学の学生だよな」「植物の事も勉強しているんじゃないのか？」と話をしてみた。

それはあくまでヒントであったのだが、私が意図する事に気が付く学生がいつ出てくるのかも楽しみであった。1ヶ月くらいかかったであろうか、学生たちがグラウンド外のタンポポを芝刈りで刈る様になった。

大切なのはそこなのだ。タンポポの種が飛んでくる元を絶たなければ、グラウンドのタンポポは絶対に無くならない。根を取らなければ必ずまた花が咲いてしまう。それを彼らが気づき、グラウンド外のタンポポも刈る様になった時、少し彼らも大人になった様に感じた。

人を育てるという事は、考える力をつけさせる。判断を付けさせる。思考を付けさせる。何かを計画させる。それだけではなく、その答えに辿り着くためのヒントを与える。答えはあくまで彼らに出させなくては身にならない。

単なるタンポポ摘みではないことを彼らにそうやって気づかせた。そこから要領が良くなったといえば聞こえが悪いかもしれないが、色々と考え、自分たちで試行錯誤するようになったのである。

はっきりしているのは、本当に知恵のある子、要領の良い子は早く大人になっていく。その早く大人になっていく事で先が読める様になり野球が上手くなる。ひいては社会での適応力が備わると思うのである。

2部開幕

新入部員15名と在学生6名で始まった新たな船出。オープン戦ではあまり良い結果は出ていなかったが、チームとしてはまとまり始めていた。2部の試合会場は愛別球場。その当時、愛別町職員であった田中さんは、管理していた同球場の利用や審判部長を引き受けてくれるなど、連盟の運営には大変尽力して頂いた一人だった。

私が4部で指導し始めた頃から大変可愛がって頂いた事もあり、普通であれば試合球場で合宿を張る事は絶対にあり得ないのであるが、開幕3日前からグラウンドを借してもらい、ミニキャンプを張った。グラウンドに慣れること、ここで戦うのだという気持ちを醸成するためだった。

起床は6時。6時半に食事を取り、7時にはもうグラウンドに立ち、ノック、フォーメーション、一本バッティング、バッティングと朝から晩まで、試合前日まで練習をした。

彼らは何が何だかわからない中で、これからリーグ戦が始まるのだという気持ちだけは持っていたと思う。私は3日目の最終日、大会の前日の練習が終わった愛別球場で部員全員をセンターに並べて正座をさせた。目をつぶらせ、私は彼らに話をした。

「君たちがなぜ、この北海道に来たのか。なぜ、この大学で野球をしようと考えたのか。この選んだ道が間違っていない様に結果を出さなくてはならない」

この21名は1部昇格、1部優勝、全国大会出場、という目標を持った最初の学生たちだった。その心をもう一度確認するために15分くらい語っただろうか。

「心を持つこと。心を持てば、力が無くても結果が出るであろうこと。練習は嘘をつかないこと」

そんなことも彼らに伝えた。心がある者には必ず結果が付いてくるのだと伝えた。

これは全てに繋がると思う。心の無い仕事、心のない行動は何も結果を生まない。心があれば、結果が悪くても何かに繋がり、人を動かし、組織を動かす。それが人間の繋がりで有り、人間にとって大切なことだ。

21名での快進撃

こうした心のセッティングがしっかりと決まった効果か、開幕戦をコールド勝ちして波に乗り、5連勝で2部リーグで優勝する事ができた。

これは彼らの力で有り、彼らの勝つという強い信念で臨んだ結果だ。この信念の強さは驚くほどの力を発揮した。彼らは勝つことに執念を持ち、目の前の一つひとつのプレーをがむしゃらにやってくれた。

2部に上がったばかりの高校生みたいなチームが全勝で優勝する。これは大変なことだ。彼らは強い絆で立ち向かってくれた。下級生の結束力も凄かったが、それを支える上級生も凄かった。

私が最も記憶に残っている出来事は、室蘭工大との試合で1勝1敗で戦い、あと1

勝で1部昇格という状況の時だ。

その当時のキャプテンを務めていた鈴木は、とてもひたむきな選手だった。秋田高校で甲子園にも出場経験がある選手だ。たまたまこの大学に来て、楽しく野球をしたいと思って野球部に入ったら、私が来てそれは一変。それでも彼は私の野球についてきてくれて、必死にキャプテンをやってくれていた。

鈴木には何かある毎に「お前はキャプテンだ、お前は甲子園に出ているのだから」と厳しくしていた。練習では泣きながらノックを受けていたこともあった。卒業後に一度会った時に、「なんで俺だけやられなくてはならない。なんで俺だけなんだ」と当時思っていたと話してくれた。

その時私は、キャプテンの姿を見て、みんなが辛い練習に耐えられると思ったのだ。彼もまた「その時は分からなかったけれど、今ならそれがわかります」と言ってくれた。やはり、統率する力のある人間がいてくれたことは、大きなプラスになっていた。組織の中では、必ずリーダーシップを取れる人間を作らなければならない。また、嫌な事を嫌だと言わずにやれる人間が必要だ。鈴木は本当に嫌な役割を一手に引き受け、我慢して頑張ってくれた。秋田出身の東北人で、本当に黙々とそれらに耐えて、

1部昇格に向けて頑張ってくれた。

さらにもう一人核になったのは三枝だ。1部昇格はしたが、戦っても、戦っても4位の結果しか出せない事が続いた。それは何故かというと、新興勢力にいきなり1部で優勝、全国大会には出場させないという周りの意地もあった。

1部昇格後、優勝するまでに4季を費やした。その頃には最初の新入生15名が最上級生になり、4年生になった時のキャプテンが三枝だった。その当時の私はまだスパルタバリバリ。私の言う事は絶対で必ず遂行しなければならないというチームだった。

先ほどの鈴木同様に三枝キャプテンも本当に意志が強く、良いキャプテンであった。夏の遠征で社会人などの強いチーム相手に、私はむちゃな作戦を立て、無理難題を彼らにぶつけた。しかし彼らは一生懸命それに応えようと努力した。これも後に聞くことだが、三枝キャプテンを中心にみんながミーティングをしている時、「こんなことは無理、できない」と意見が出たそうだ。しかし、三枝キャプテンは「監督がやれと言ってるのだからやらなくてはならない。やる事が俺たち選手の使命なんだ」と、ミーティングの混乱をその一言で収めたらしい。それに対して他の選手たちも「キャプテンが言っているのだから、やるしかない」とまとまったとのことだった。ここでもやはり、統率力のあるものが組織には必要で、この2人のキャプテンに共通していえる事は、人として慕われている事。人としてみんなから愛されているという事。人格が人を動かす。そういう核となる人間を育てる事が重要で、組織作りの中でも大切なことだ。

推薦入部も一般入部も関係ない

1部昇格後、チームの力も安定してくると、私やこの大学の野球に惹かれて、多くの高校生が受験をしてくれた。スポーツ推薦入試以外にも、指定校推薦、自己推薦など様々な入試を経て私のところに選手が集まってきて、130人近い大所帯になった。さらにその後も常勝軍団としてメディアにも取り上げられ、新聞の紙面でも度々記事に書かれるようになり、相乗効果でどんどん人が集まって来た。

右肩上がりの成長の中で、我々を快く思わない者も学内に出てきた。そこに出てきたのが隠れＳＰという言葉だ。スポーツ推薦以外で入学する学生を「隠れＳＰ」と呼び、その学生たちを非難し排除しようとする力が動いた。

私にとっては、スポーツ推薦も一般推薦も指定校推薦も全部、この農大を思い、農大の門を叩き、勉学をしながら野球をやりたいと思って集まった学生たちだ。何も分け隔てる事はなく、グラウンドでも、スポーツ推薦での入部だから、一般入部だから、と区別することはなかった。全員を同じように扱い、一般入部からレギュラーになって頑張ってくれた選手が複数いたのも事実である。

ある時ある学科の学科長から隠れＳＰを全員集めるように学生マネージャーを通して言われた。マネージャーは慌てて私に「どうしましょう」と言ってきたので何と言われたのか詳しく聞くと、「隠れＳＰを炙り出して、一言言いたい。また、その時に監督と部長も参加して欲しい」とのことであった。学部長で野球部長であった石島先生にそれを伝えると「言語道断、学生をそのように差別するのは良くない」と無視するよう言われたが、そうも行かず。私とスポーツ推薦以外で入学した学生たち20数名を連れて、学科長室に出向いた。その教員はその人数の多さに驚いた様子だった。

「こんなにいるのか、隠れＳＰが」

私はその時、同じ教育者としてとても恥ずかしく感じた。同じ教育者の中で学生にレッテルを張り、同じ学生なのに平等に教育を受けさせないとでも言うのか。なんて恥ずかしい教員だと私は蔑んだ。

こうした組織の中には情報の錯綜や操作がされ、選手達は学部内で特別扱いをされるようになる。それもプラスの特別ではなく、マイナスの特別だった。これは野球部にとっても学部にとってもマイナスであると思った。

「こんなことがまかり通るのか！」と怒りを覚えたが、現にそのような考え方を持つ人間がいるというのも否定できない事実だ。社会の中で不条理、不道理は常なものである。

そのあと私は選手全員を集めて、話をした。

「いつかお前たちが認められる時が来る。いつか悪く言っていた人たちが間違いに気付く時がある。俺たちは胸を張って生きていこう。胸を張って勉強をしよう。胸を張って野球に打ち込んでいこう」

これは、教育の現場であってはならない悲しい出来事だ。しかし、時が過ぎそのような風潮もなくなり、大学の皆さんが野球部を応援してくれるようになってきた時に、私はふと考えた。

そこには、私の傲慢さや、周りへの気遣いの無さ、周りへの謙虚な気持ちが無かったのではないか。こうした現象を起こしてしまったのは私の日常生活の態度が原因だったのかもしれない。そう考えるようになった。

後々良く考えると、その当時は新しい学部ができて、学科の中で様々な競争、順位付けがあり、その学科長はそこで生き残る為にそんな行動に出たのかもしれないと思った。これが「組織の中のいじめの構造」だ。自分が組織に認められたい、自分が組織の中の地位に固守したい。そのかじりつきたい時にいじめの構造が生まれるのだ。

自分の立場を守るために、自分の立場より弱い人たちを攻撃することによって自分のいる場所を作る。往々にしてそういう人間は精神的に弱い。だから考え方がマイナスに動くのだろう。弱い者をいじめて強く見せる。これがいじめの構造だ。

これはどの社会でも同じ。小学校でいじめっ子が弱い子をいじめる。その子自体が家庭に問題があったり、その子自体が自分の弱さに負けないようにするために、自分より弱い者をいじめて、自分の立場を有利にする。これは大人も一緒。だから組織作りには、そのような事が起きないようにしなくてはいけない。

みんなが平等に、働いたり、主張したりできるようにしなくてはならない。今の日本でもそうであろう。政治家にしても同様、弱い者が強いものに媚を売る為に自分より弱い者をいじめる。そんな社会は無くさなくてはいけない。

野球部の中でもそのような事が起きないよう、1年生の仕事を手伝うように上級生には促している。社会でもそうなのだ。下を思いやり下の為に気を遣うことにより、円満に仕事が回っていく。

本当にあの時の学科長に対しては失望したが、それもまた組織や社会の中の不条理や不道理。この件からも学ぶことは多かった。

最下位

組織の土壌作りを終えても、常に順風満帆だったわけではない。１９９１年秋から１部リーグで戦っていたが、優勝するのは94年の秋までかかった。さらにその１年前の秋には最下位に沈み、入替戦でなんとか１部残留を決めた。

チームの雰囲気がよどんでいるように見え、何となくチームに活気がないのは感じていた。シーズンに入る際に「油断するな、強いと思うな、自分たちが一番弱いと思え」と話したが本当に最下位になってしまった。最下位の理由を考えてみると「選手に油断をするな」と言いつつ、監督の私自身に油断があったのかもしれない「他チームよりも戦力が整っている」「普通にやっていれば勝てる」というような慢心があったのだろう。それが作戦にも出てしまい、チーム全体に伝わってしまったのだ。

ある日の第一試合、私はその前日に翌年の選手勧誘で、高校の監督さんに会うため、選手たちとは違う宿舎に泊まっていた。

油断したわけではなかったのだが、翌朝、選手を宿舎に迎えに行く道中の高速道路で事故が起き、試合時間ギリギリの到着になってしまった。その頃は携帯電話もなく、選手たちに連絡する術もなかった為、何も知らない選手たちは「監督が試合に間に合わない」「試合に出れないのでは？」と不安の中、宿舎で私の到着を待っていた。

私は宿舎に着くと、選手たちに「すぐ乗れ、すぐ行くぞ」と旭川スタルヒン球場へ向かった。球場に到着した時は、既に試合30分前であり、慌ただしく、アップ、ノック、そして試合が始まった。やはりその動揺は打ち消されず、エースは不調で負けるはずの無い下位チームに負け、そこから怒涛の連敗街道へ突っ込んでいった。これが最下位の現実だった。私の油断、私の慢心。選手に言っていながら私自身が準備不足であった。その準備不足が学生に反映してしまった。あの最下位の瞬間はとても反省をした。

シーズン中の休みに部員たちにリフレッシュを期待し、金を持たせ近くの遊園地である三井グリーランドへ行かせた。しかし、それはリフレッシュにはならず、その時間が彼らの不安を増幅させてしまった。今までであれば、休みの時も練習をしたはずなのに、どこかで私自身の弱さが出たのかもしれない。休養を与えること、休養してリフレッシュさせること。これが通常のチームであれば、効果的だったのかもしれない。

しかし、まだまだ若いチームには気持ちの切り替えはできなかったのだろう。指揮官として大きな失敗だった。油断と準備不足を選手が感じ取ってしまうという最悪の事態。これは組織も一緒で、長《おさ》たる者が油断をしたり、準備を怠ったり、スキを作ることは、組織全体に不安を募らせ、マイナスの方向にいってしまう事になると思い知らされた。長たる者、常に前を見て、常に強い意志を持ち、組織の人間たちに伝えるべきことを伝え続けなくてはいけないのである。

スパルタからの脱却

私は当時、スパルタで選手たちを鍛えた。最初に獲ったスポーツ推薦選手を集めた時も、高校から上がって来たばかりの選手たちに言って聞かせた。

「お前たちは勝つために集められ、勝つために入って来た選手だ。1部に上がるのは当たり前。1部で優勝するのは当たり前。その為に集められたのだから。1部に上がるまではお前たちは俺の駒となって働くように。不平不満を言わない事、絶対服従で行動すること」

「勝つためなのだから耐えろ」という、本当に壮絶なものだった。当時はそうした指導がまだ許されていたが、昨今では決して許されない。そんな時代でもない。

その時代の選手たちは本当に大変だったと思う。これが彼らの中での不条理、不道理であって、それに耐える事が彼らにとっての第一の試練だった。

最も思い出に残っているのは、バントを失敗した選手を試合の途中に外し、グラウンドの外を走り続けさせたことがある。「俺がいいと言うまで走れ」と言い、試合が終わり、反省練習も終了したので、私は選手を車に乗せて合宿所に帰った。大学の監督室に戻った時、その走らせた選手がバスに乗っていない事に気が付いた。

慌てて試合球場の予備グラウンドに行くとその選手は黙々と走り続けていた。スパルタ指導の象徴的な出来事だろう。言われた事はやらなくてはならない。失敗をすれば罰を与えられる。選手から言わせれば地獄のような練習だったと思う。

　こうした指導を行う理由は一つの妥協を許すと、すべてが妥協になってしまうからだ。「スパルタ＝しごき」と思われるが、スパルタの根本にあるのは、ミスをしない心を作ることだ。ミスの繰り返しをしない選手に育てるためだ。それを身体で覚えてもらう、という指導法だった。

　近年は人のミスを見て見ぬふりをし、自分のミスをどうにかして隠そうとする風潮がある。これは絶対に良くないこと。ミスはミスで認め、反省し二度と繰り返さないように自分に言い聞かせ、自分でできるようになるのが一番なのである。

　ただ未熟な選手たちはそれができない。失敗を繰り返す選手は、引き出しが少ない。反対に引き出しの多い選手は、その多い選択肢の中からどれを選ぶべきかを瞬時に判断し失敗を避ける。その引き出しを増やすことと、その引き出しの選択をさせることで身体に染み込ませるのである。

　しかし、それを自分の意志としてやるのではなく、やらされているという形になってしまう。これでは到底、上のクラスの選手、ひいては優秀な社会人にはなれない。

このスパルタの教育方法は、ただ反射的にやることであって考え方が伴わないと失敗を繰り返す選手が多い。そんなことにある時、気がついた。

そこで脱スパルタを思い切って断行してみた。

ある時、投内連携の練習で何回やっても、繰り返し同じミスが出る。本来であれば、そこで罰を与えるが、このやり方ではこの上のクラスには行けない、上のクラスの選手は育たないと感じて、選手たちに伝えた。

「俺はもう、お前たちに罰を与えることをやめる。お前たちが自分たちでミーティングし、自分たちでやれることを考え、自分たちで何をしなくてはいけないのかを考えるように」

それから1ヶ月間、私はグラウンドに出なかった。グラウンドに出ないということは、私自身も辛く試練だった。学生たちは当初、私がグラウンドに出て行かないので「楽ができる」と考えただろう。しかし、日にちが経つにつれ、リーグ戦の開幕が近づき、選手たちも焦りが出てきた。「自分たちでやらなくてはいけない」という心が芽生えた。

私は大学の建物の最上階から、彼らには見つからないように練習を見守っていた。彼らは彼らなりに考え、色々な動きを何度も何度も繰り返し練習していた。その時に中心になるのはやはりキャプテン、上級生たちだ。彼らがチームを引っ張り、チームがまた一段と大きくなれたように感じた。

脱スパルタ。これは当野球部にも大きな転機だった。丁度そんなことを優勝する1年前くらいからやり始め、選手たちが自分たちで考える事ができるチームになり始めた。このようなチームになると、大人のチームになっていく。個々が磨かれ、また個々が注意し合い、叱咤激励し、伸びていった。これが組織を作る時にも重要だ。お互いが高め合い、認め合う。そんなチームが出来上がってきていた。これもまたどの組織にも必要なことだ。

初優勝

1994年の秋、我々はついに北海道学生リーグで優勝を果たした。以前から優勝できる力はあったのだが、当時のリーグは各校と1試合総当たりの5試合制。どのチームもエース級をぶつけてくる中で勝ちきれないでいた。

でもこの時は今もよく使う「有言背伸び」をしていた。有言実行という言葉があるが、あえて「無理そうな目標を作って、本来の力以上のものを発揮させて届かせる」というようなものだ。

ちょうどこのころ、網走市に呼人球場を作ってもらったので「絶対そこで優勝するぞ」と選手たちに発破をかけた。選手たちも地元の人たちにすごく可愛がられていたので「地元の人の前で優勝したい」という気持ちが強かった。

実際に優勝のかかった試合では呼人球場に2000人近いお客さんが入った。あれは忘れられない。後援会やサポートしてくれた方々も交えて、ホテルで祝勝会もした。そこでどんちゃん騒ぎした後、浴衣のままタクシーで網走の街へ連れ出されると、街の飲み屋もクラブも全部タダにしてもらったほどだ。後日にはアーケードの商店街から市役所までパレードもさせていただいた。そして、翌春には全国大会初出場を果たし、そのあたりからようやく周りにも認められるようになったと思う。

常勝軍団になるために

野球部も様々な事を経験しながら、1つ上のクラスのチームに成りつつあった。ただそれは地方リーグの中の話であり、まだまだ全国大会で通用するチームではなかった。

道内では勝てるが、全国ではもう一つ上位に食い込めない。何が足りないのか？と自問自答した。

「常に勝つことを義務付けられ、常に勝利を追いかける常勝軍団になるには、どうすべきなのか？」その点に毎日のように頭を悩ませた。ぺんぺん草を刈り取ったり、部員集めにあの手この手を使った初期に比べれば、悩みの質も向上していた。だが、ここで満足しているのなら網走にまで来た意味は無く、私に白羽の矢を立てた先生方にも顔が立たない。

努力を惜しまずに全力で戦うチームカラーは定着しているが、それだけでは常勝軍団にはなれない。全国大会に行って常にベスト4まで入るチームが本当の常勝軍団だと思っていた。

そこで、何をプラスしたらいいのか、何をどのように考えたらいいのか試行錯誤していった。

まずはチームの弱点、自分の弱さを知り、それを克服すること。これは社会でも言えること。虚勢、はったり、学習の無い行動、これらは自信の裏付けにはならない。常にトップに立っているためには、自分の弱さを知り、克服するための努力をしなければならない。

監督という指導者の弱さを自分なりに分析することにした。私はもともと野球選手としては、大した記録もない選手であるから、技術に対しての裏付けがない。選手としての経験値が無い。そんなことを感じ、ある時からプロ野球の春季キャンプを毎年訪れるようにした。

特に守り抜く野球をやる広島カープのキャンプには何回も足を運んだ。それは見る者を圧倒するような守備練習であり「点を与えない！」という意識の高さが伝わる野球だった。守備の上手・下手ではなく「この1球は絶対にアウトにする」という執念を感じた。

企業人でも、自分が任された仕事は全力で挑み、自分ができることをすべてぶつける。常勝、常にトップで勝ち続けるためには、常に前向きに謙虚な姿勢で何事にも向かうことが必要だと感じた。加えて、自分たちがトップにいるプライドを持ち続ける事だ。それは、ユニフォームの着こなし、グラウンドに出た時の姿、その一つ一つが常勝軍団として「恥ずかしくないか？」と問い続けなくてはならない。

他校がウチのユニフォームを見ただけで、勝てないと思うくらいの圧倒的なオーラを出し続けなくてはならない。

ウチの大学は北海道にいる限り、この地域の他のチームから強いチームと恐れられるが、この頃はまだまだ全日本に出場しても、北海道の田舎のチームと思われていただろう。

現に大学選手権時に、心無い相手側から「田舎者、北海道に帰れ」とヤジを飛ばされたこともある。私はそれを忘れはしない。試合後に連盟を通して抗議した。私は北海道の代表というプライドを持ち、北海道の代表だからそのような罵声を許してはいけないと思った。

その後、調査の結果、その発言を選手が認め謝罪の文書と言葉を頂いた。この時、初めて全国でも「プライドを持った北海道のチームだ」と認識された。

自分の弱点を知ると同時に自分でプライドを持つこと、これが常勝軍団になるための絶対条件だと私は考える。

第三章

選手獲得術と永続できる組織作り

監督というより営業本部長

全日本大学野球選手権に出始めてからは選手も当初より獲れるようになった。とはいえ、場所は北の最果て・網走だ。信頼関係がなければ容易に来てくれることはない。その信頼関係を築くために、当時はちょっとした繋がりでも〝必ず会いに行く〟ということを大事にしていた。「こんな選手がいる」と電話がかかってきたら、どんなところでも網走から足を運んだ。そうしたら高校の監督が「わざわざ来てくれた」と喜んでくれる。

人との繋がりというか縁を大切にすることが、人を発掘する一番の要因だと思う。少しでも縁があれば足を運んで縁を太く強くする。それこそ無名な大学と私だからこそ、時には太鼓を持ち、夜はお酒を飲んで唄歌って馬鹿やって。もうそれはもう監督というより営業マンの姿そのものだ。

当時は私も若くて、監督は皆年上だから可愛がってもらって「じゃあこの選手はどうでしょう」と提案される。まずはそこからだった。

家族に会ったら「私が網走での兄貴になります。絶対に最後まで面倒見ますから」という熱意を伝えた。それが広がり、全国大会にも出ることで、だんだん良い選手が来るようになった。

卒業してから就職した花屋の営業マン時代の経験が大いに生きている。営業マンなんて、たくさん行って契約を1つ取れるかどうか。でも、どんなに小さくても繋がりがあれば営業しに行っていた。

選手獲得には文字通り東奔西走した。日本学園高校で監督を務めていたこともあり人脈はあった。横浜隼人や聖望学園といった当時強くなっていく過程にあった高校に加え、名門中の名門である帝京やPL学園、沖縄水産にも足繁く通った。ただ行くだけでなく、覚えてもらうこと・面白がってもらうことも大事にした。

あえてウチには絶対来ないような選手を「ください！」と言ったりして「変わった奴だ」と面白がってもらった。しつこく通って覚えてもらうしかなかった。

PL学園の中村順司監督にはゴルフ場の風呂場に先回りして背中を流して「何やっ

てんだ」と驚かせたり、沖縄水産の栽弘義監督とは奥さんとも仲良くなったりした。わざと田舎者の世間知らずを装って飛び込んでいった。

後にPL学園からは小斉祐輔、沖縄水産から徳元敏と稲嶺誉がそれぞれプロに行くことになるが、そうした黎明期の種まきが花を咲かせた形になった。

後継者

PL学園から来た選手の中の1人で、私の後を引き継ぎ、オホーツクの監督を務めている三垣勝巳もこのチームを語る上で欠かせない男だ。

出会いは、彼がPL学園に入学して間もない夏の大会前の練習であった。当時、ひと月に2度ほどPL学園のグランドを訪れて、中村監督のもとで選手の勧誘を続けた。その前にも何人かPLの選手が来てはくれていたが、実力的には二番手、三番手の選手だった。だが、その選手たちも本学のチームで核となり活躍してくれた。特に三垣の1年先輩である中辻は、キャプテンとして裏方に徹しチームを支えた。チームを統率する力、人間を動かす力はずば抜けた選手だった。今は野球を離れて家業の不動産業で活躍しているが、やはりそのような人物なので、大阪で成功している。

この中辻がＰＬから三垣を連れてくる大きな要因になったのは事実である。三垣は彼を慕ってこの北海道、網走の地に来てくれたのである。


私は三垣が高校1年生の頃から既に欲しい選手だった。グラウンドでその当時の野球部長である井元俊秀先生に「将来的に我がチームの4番を打てるような選手を紹介して欲しい」とお願いした。その時はＰＬ学園に通い続けて3年経っていたが「レギュラーをください」とお願いしたのは、この時が初めてだった。その時井元先生が、「4番かあ、4番を打つだけなら彼が良い」と言って指をさした。

ただその指さす方向は目の前で打撃練習をしている先輩たちでは無く、グラウンドのネットの外で球拾いをしながらスイングをしている1年生たち。その中に三垣がいた。井元先生が「三垣を呼べ」と一言いうと、その言葉が伝達され、三垣がライトネットの外からホームまでダッシュで走ってきた。その時の彼の顔は強く印象に残っている。目力の強さを今でも忘れてはいない。

「三垣、ちょっとバッティングしてみろ」と言われた三垣は、「はい！」と返事をし、上級生に促されてゲージに入ろうとしたが、彼は何か慌てていてそのゲージの後ろにあった、1・3キロのマスコットバットを持ち、バッターボックスに立った。そして、5球を打った。5球のうち3級が柵を越え、強烈なパンチ力を私の前で見せた。5本打ち終わると、「ありがとうございました」と大きな声で言い、バットを丁寧に地面に戻し、全速力でライトに走って行った。今でも目に焼き付いている彼の後ろ姿を見ながら「この選手が3年になったらください」と井元先生に告げた。

「守れないし、走れないよ。特に足は遅いよ」と言われたが、私の目の前で打ったあの打球、あの長距離ヒッター特有の放物戦を描くホームランに私は確信した。

「この選手がチームに来たら、4年間4番を任せる」

それが彼との初めての出会いだ。私はそれから2年半、ＰＬに通い続け彼を観に出向いたが、それを彼は少しも知らずにいた。井元先生のご厚意でご両親にも早い時期に会わせて頂いた。

そこで印象的だったのは、お父さんは身体を壊し車椅子だったが、元は武道家だったそうで、眼光鋭く、勝負師を想像させる目をされていた。私は、ご両親に私の夢や

私の後を継ぎ、東農大オホーツク硬式野球部監督を務めてくれている三垣勝巳もオホーツク時代の教え子のひとり

五つの誓いの話をした。

「どうしても息子さんの力が必要であり、息子さんの一生の面倒をみるので、どうか私に預けて欲しい」

その心が通じたのか、お父さんは涙ながらに「監督に全て預けます」と言ってくれた。彼は2年の秋口にはほぼ、本学に入る事で話が進んでいた。彼は3年の夏に、甲子園大会で松坂大輔を擁する横浜高校と死闘というほかない延長17回の今でも高校野球の歴史に残る戦いをした。三垣はその試合でも中心選手の一人だったが、そこまで三垣が育つとは誰も思っていなかったように思う。しかし、彼は私の考えた通りに成長し、ＰＬの中心選手かつ影のキャプテンと言われる精神的支柱にまで育っていたのだ。

彼は人望も熱かったし、打つことに関してもＰＬの選手の中でも群を抜いていた。甲子園を終え、オホーツクキャンパスに見学に来た時は「どこに連れていかれるのか」「どのチームに入るのか」は全く知らされていなかったらしい。後に彼の話を聞くと「1年生の時に変なおっさんが度々来ているけど、どこのおっさんや？」と、ずっと疑問に思っていたらしい（笑）。3年間、私が北海道からわざわざやって来ているオホーツクの監督とはつゆ知らず「熱心に来てるおっさんがいるなあ」と思う程度であったという。

三垣自身、まさか自分がそのおっさんの元で野球をするとは、全く頭にはなかったようである。しかし、私は既に彼の両親の心を掴んでいたこともあり、親に促されて承諾し、何も知らずに網走までやって来たのであった。

この田舎の大学に、ＰＬ学園の中心選手で、松坂大輔と死闘17回を戦った金看板をぶら下げて入ってくれた最初の選手なのだ。過去にも甲子園出場の経験を持つ選手は何人も入部していたが、あくまで甲子園に出た、甲子園ボーイはいたが、金看板を背負ってきた選手は三垣が最初だ。

そして、私が最初に思い描いたとおりに、彼は入学後1年生から卒業する4年間、4番を打ち続けてくれた。

私の中で「チームがさらに殻を破るには何か一つ足りない。何か物足りない」という気持ちが芽生え、自問自答する日々が続いていた頃（三垣コーチの就任時）だ。

選手を指導している時にふと気が付いた時があった。私は選手としては大した選手ではなかった。しかし、多くの人の支えや手助けでこのよう高校野球、大学野球の監督として40年近くやらせて頂けている。

考えてみれば、私の指導の裏付けは私が球拾いとして外から見てきた野球、野球観、技術指導だ。技術が無いことは十分自覚していたので、自分なりに勉強はしていた。著名な監督さんの指導を習い、高い技術を持つ選手の話を聞いたりした。

特にプロ野球の広島、オリックスのキャンプは何回も足を運び、プロの指導者の一言、しぐさを盗み見て自分のものにし、選手の指導に活かしてきた。また近年は、ソフトバンクホークスの一軍、二軍、三軍の同施設内のグラウンドで行われている練習メニューや、きめ細かい技術指導を見学して勉強していた。

だが私自身がそれを選手として体験したわけでもない。あくまでも目で見て、耳で聞き、頭で想像して選手に伝えてきただけなのだ。ここがやはり、本当の強いチームを作るには足りないのではないかと考えるようになっていた。

ここからさらに強くなるには、技術指導が本当に自身の体験から、また本当に上の世界で勝負を体験してきた人間の血をチームに入れなくてはならないと考えた。

　そこで1年間くらい考えたが、まず適任者をOBの中から探す事を考え、候補に何人かを挙げてみた。やはり候補になる選手は、社会人野球やプロ野球で活躍し、家庭を持ってこの世界で生きていること。ただ、それをこの北海道・網走まで連れて来るには、とても難しいことであった。

　しかし、それをやらなければ、今の私のチームは上のランク、上の強いチームにはならない。そしてついにその適任者、運命を持った男が「野球から上がる（離れる）」という話が耳に入ってきた。

　それが三垣だ。彼は大学4年に、ドラフト候補として某球団に指名されるところまで来ていた。

　ドラフトなのだから絶対はなく、たまたま上位に同じポジションの良い選手が決まったりすると、獲る人数がその場で動くものであり、ビジネスなのだからこちらの思い通りにいかないのは仕方のないことだ。

　さらにこの年は、たまたま大手企業のローソンが休部し、そこに在籍していた選手が多くドラフト指名されたことも不運に繋がってしまい、三垣は指名漏れ。

その後、社会人野球の三菱ふそう川崎に入社することになるが、そこで実力を発揮し、2度の日本一を経験する事になる。都市対抗野球の試合を東京ドームに観に行った時、ドームを埋め尽くす観客の「三垣」コールを聞き、私は感激に涙した。三垣は野球だけでなく、企業の一社員としてこれだけの人たちに支えられているのだと肌で感じ涙したのだ。

三垣はその後チームの廃部で三菱自動車岡崎に移籍。選手とコーチを経験したが「社内の人事で、野球部を離れて社業に専念することになった」と噂を耳にした。「三垣がいつかここに戻ってきてくれたら」と願っていた私は、その2年後、三垣自身が野球の現場に戻りたい希望があるとの話も聞いた。

ついに機が熟した。私はすぐに本人に連絡し気持ちを伝えた。新たな血の投入が必要な事、母校で育った本物のコーチが欲しい事などを伝えた。彼が引き受けるにはやはり家族、生活がネックになりはしたが、何度も名古屋に通って説得した。

まずは彼の子供を手なずけた。「おじちゃんと北海道に行こう」と何度も言った(笑)。

ただ妻の陽子さんが二の足を踏んでいた。彼女は秋田の雪が嫌で東京に出てきて三垣と出会った。三垣の移籍で名古屋に行ったかと思ったら、今度は北海道・網走と聞けば無理もない。また、三菱という大企業にいれば生涯賃金はそれなりにもらえる。

それでも彼自身は野球ができないことに悩んでいた。そこで「人生1回しかないんだからやらせてやってくれ。面倒は一生俺が見るからと」と伝えた。三垣もまた「樋越さんは、俺の親父のような存在だから信用しよう」と言ってくれた。

コーチを数年務めた後に、私の世田谷キャンパス異動に伴い後継者に指名。監督を引き継いだばかりの2018年は苦労も多く良い成績を挙げられ無かったが、2019年には大学選手権で4強という過去最高の成績を残してくれた。

また、今では「樋越さんのおかげで人生変わりました」と夫婦で言ってくれている。

任せることも大事

監督になってからも当時は選手獲得のために1年365日のうち200日くらいは

外に出ていた。これは雪により野球をやれる時期が少ないこともあった。グラウンドが雪に埋もれる期間はトレーナーにトレーニングを任せた。「野球よりまずは強い体を作れ。そうすれば強い心と技術が伴う」。そういうモットーだった。逆に言えばその200日以外は野球に全力で集中していた。

「心技体」とよく言うが、うちのミーティングで言うのは「体心技」の順番。体をまず作って、その強い体に心を入れて、技術はその後だ。現在指揮を執る東京農業大の世田谷キャンパスに来てからも同じように言っている。

話を戻すと、これだけ私が外に出ているのだから、「任せる」こと、「任せ方」も大事になってくる。私が1人でなんでもやってしまうのではなく、コーチや学校関係者とも上手く連携を取りながらということを意識している。その当時は大学のキャリアセンターの課長をしていたので、電話で連絡をこまめに取ったり、野球のことはコーチに、トレーニングの時はトレーナーに任せることも多かった。

会社組織と一緒。一人じゃ何もできなから人を回さないといけない。ただ、できたばかりの若いチームだからコーチが何人もいるわけではない。そのため、選手一人ひとりの自覚を持たせるようにもしていた。

「ボスがいないと何もできません」という組織ではダメ。方針を決めて、「樋越勉の野球とはこういうものだよ」「これができないとレギュラーになれないよ」と伝えて、そこから彼らコーチ陣の引き出しの中で教えてもらえばいい。

自分の中だけで野球をやって、下克上で退任させられる監督が結構いる。でも一流企業で、そんなことは少ない。一流企業はそういうところが違う。親分がいて、その人が歴史を作って、社風はこうだよと引き継いでいく。信頼される一流企業というのは、そうしたイズムがある。野球もそうでないといけない。

私が離れた後のオホーツクキャンパスも、スタイルは大きくは変えずに2019年の大学選手権で4強入りを果たした。選手たちにも三垣監督の考える「これをしないと試合には出られない」というのが伝わっていたのだと思う。会社もそうで、社風を理解して働くことで組織は利益を得ていく。

スタイルをいたずらに変えたら選手は戸惑うだけ。「こうなったらウチはこうする」というものがあれば絶対に強くなる。そのためには任せる時は任せる。

三垣に引き継げたのもそうしたところがあるからだ。1つの方針があれば、誰がやっても誰がいてもソツなくできる。銀行だって支店長が変わっても、大きなことは変わらないはず。

だから今、この世田谷でも「農大のカラー」というものを作らなくてはいけない。遊ぶこともオンとオフのメリハリさえしっかりしていればOK。この前顔を出したオホーツクのOBも「監督に隠れて遊んでましたよ」って言っていたけど、私はそれも全部知っていた（笑）。その点、今の子は真面目でオンとオフの境目があまり無い子が多い。だから難しいね。オンの時にもっとガッとやって欲しいなとは思う。

第四章

十人十色の秘話と育成術

地方大学屈指の育成力

2020年までに東農大北海道オホーツク野球部から16人もの選手がプロ野球の世界に巣立っていった。地方大学では金本知憲や佐々木主浩らを輩出した東北福祉大に次ぐ数字のはずだ。

16人のほとんど、いや全員が高校時代は全国的に無名の選手たちだった。弱小校の一匹狼や強豪校の主力ではない選手たち。そんな彼らが冬場は氷点下20℃にもなる北の最果て・網走から巣立っていったのだから感慨深い。

彼らの名もなき時代のエピソードがあるので、可能な限り紹介したい。

プロ野球選手第1号

栗山聡　96年度卒・オリックス（97－01）、中日（02－04）、オリックス（04）

新潟・新発田中央高校の相川監督が私の大学1年時の部屋長というご縁が始まりだった。当時はよく殴られもした（笑）。だが、あの当時は付き人みたいなもので、ずっと可愛がってもらっていたし、相川さんが教職を取るために2年間は大学に残っていたので、一緒に授業も受けた仲だった。

相川さんに「彼はいずれプロに行くから」と言われて紹介されたのが栗山だった。新潟の高校野球雑誌にはCランクとはいえ名前が載るような選手で、その雑誌も送られてきた。ただ1回戦、2回戦で負けていたような投手だったし、網走に練習参加のため連れてきてもらったら球速は速くても127キロ。その数値だけだと話にならなかったが、体は大きくて（183センチ）フォームのバランスが良かったので「やればなんとかなるかな？」と合格にした。

そして何より彼には意欲があった。「どうしてもプロに行きたい」という気持ちが十二分に伝わった。田舎の子なのでまだ何も教わっていない無垢な印象もあって伸びしろを感じた。

その目論見通り、体が大きくて馬力があったので、北海道の大学野球界で目立っていくのに時間はそうかからなかった。2年・3年と学年が上がるにつれて球も速くなってきた。

彼は「練習しないタイプ」。頑固で、入ってきた時は天狗のようなところもあった。そのため、私の言うことを無視するようなことで事件も引き起こした（笑）。

下級生の時、社会人の練習に参加するよう伝えた時のことだ。当時、静岡にあった大昭和製紙富士（現在廃部）に練習参加するように言った。だが、当時の大昭和製紙富士は猛練習で知られていた。1年前に行った先輩たちから「メチャクチャ走らされるぞ。やめておけ」と聞き「行きたくない」と言い始めた。ウチの練習もキツいが社会人はそれ以上で嫌だったようだ。

「監督の言うこと聞かないんだったら外に出ていろ！練習には一切入ってくるな！」

練習から外し、しばらくは外野で球拾いだけをさせていた。それでも彼が凄かったのは、この時の行動だ。普通の選手なら私に言われた「球拾い」をするだけだが、栗山は拾った球を箱にただ入れるのではなく、一球一球、センター方向に投げていた。

レフトの位置にいる栗山の足元に、ボールが転がる。それを拾い上げ、センター方向に遠投する。ライトに移動しても、それを繰り返す。最後はセンターの位置に集まったボールをかごに入れる。

一日の練習で、一体何球、遠投しただろうか。

栗山には練習を外されても、少しでも練習になるようなことを自らの意志でする姿勢があった。

さらにその際のエピソードがもうひとつ。球拾いをやった後に黙々と走らせていたのだが、脱水症状になってきたので、やめさせた。そこで寮でゆっくり休ませておけばいいものを、「大昭和製紙富士に行くのはやめておけ」と栗山に伝えた先輩たちが「俺たちのせいだ」と申し訳なく、不憫に思ったようで食事に連れ出した。

しかし、さっきまで脱水症状だったにもかかわらず飲み食いしたものだから、盲腸まで併発して病院に運び込まれてしまった。

そこで私がお見舞いに行ったら「トイレに行きたい」と言う。「点滴があるから1人で行けない」とも言う。仕方なく、栗山の点滴を持ちながら彼の大便に付き合ったのがイイ思い出だ（笑）一生懸命だったが本当にドジな奴だった。

そんなこともあったが、彼の意識も徐々に高くなっていった。3年生になる前に「このままじゃプロ行けないよ。もっともっと練習やらないと」と言ったら、黙々と取り組むようになった。1年の時からエースだったが3・4年の時からは体もできて、球筋も良くなっていた。

うちもちょうど1部リーグに上がったし、全日本大学野球選手権にも初出場したように、チームの強化も進んでいる時期だった。

1995年44回大会
1回戦 大阪体育大学 ●2対4
1996年45回大会
1回戦 九州共立大学 ●1対6

全国で勝てはしなかったが、アピールは順調にできた。

この時はリーグ戦が開幕してからも寒く、開幕戦なんて雪が降った。そんな悪条件でも平然と投げていたからタフさもあった。

当時はまだ網走ドーム（詳細後述）ができる前。ゲートボール場やゴルフの打ちっぱなしの場所で練習したこともあった。冬場はゴルフ場や体育館でのトレーニング、5階建ての校舎を上り下りした。それを100周。その中でも栗山は与えられたものは一生懸命やるし、それ以上はやらないと割り切った子だった。性格がハッキリしていたのもプロ向きだったと言える。

ドラフトの日は会見場を作って白衣で指名を待たせた。理系の大学として売り出すためだ。4年の時は146キロくらい出ていたし「ドラフトで指名しますよ」とスカウトには言われていたが、やはり指名の瞬間は「プロ野球へ送り出す」という1つの目標が叶って、そりゃあ嬉しかった。就任時に立てた『五つの誓い』（40ページ参照）の1つがそうだったからね。

プロでは代打・松坂大輔（西武）に2点タイムリーを打たれた時（2000年8月

7日）には俺に電話かけてきて「監督さん、野球辞めます」って。それくらいショックだったようだ（笑）。でも「松坂大輔はもともと打撃が良くて、相手もお遊びで出したんじゃない」と慰めた。でも、新聞やテレビにも打たれたシーンが何度も出たからね。

あの時「なら辞めちまえ」と言ったら辞めていたかもしれない（笑）。それくらい落ち込んでいた。

現在はパナソニックの神戸の支社で上の方の役職をやっているはず。社業に専念するようになってすぐは「監督さん、パソコンが使えません。みんな両手で打っているのに僕は人差し指だけで…」と嘆いていて「勉強しろ！」なんて言ってた。一流企業なだけに「席の隣は早稲田卒や慶應卒。僕だけ農大ですよ」と笑っていたが、大変だったと思う。

プロ野球の世界では大活躍とはいかなかったが、社会で一流の戦力になっていることを誇りに思う。

ヤンチャな子の育て方

徳元敏　98年度卒・オリックス（99−04）、楽天（05−07）
福川将和　98年度卒・三菱自動車岡崎、ヤクルト（02−12）

徳元は沖縄水産高校時代からもう本当にワル。喧嘩も強くて度胸も据わっていた。ヤンキーの頭だったからね。自分の高校の時を見るようだった。

徳元は酒飲んだら飲んだ分だけ練習する。そういう昭和の人間だったからオリックスでは仰木彬さんにメチャクチャ可愛がられた。1年生で入ってきた時に当時エースの栗山と同部屋にしたんだけど、すごく仲が悪くてね。栗山は栗山で俺がエースだというプライドもあっただろうね。大学選手権で3年の栗山を使わず1年の徳元だけ使ったら「栗山さんが部屋で口聞いてくれない」と言っていた（笑）。静（栗山）と動（徳元）。2人は対照的だった。

栗山は「プロに行きたいなあ」くらいだったけど、徳元は「絶対に行く」という気持ちで網走に来た。しかも沖縄水産時代に投手としては3番手くらいで主に外野手として使われていたし、足や打撃も良いものを持っていた。それでも徳元は「絶対に投手でやりたい」と強い気持ちがあった。

投げたら面白いものがあったし右手の親指が生まれつき少し曲がっているので、サイドスローに転向させたらスライダーが鋭く曲がるようになった。ヤンチャでプロ向きな性格だったこともあり、栗山より早く一軍デビューを果たした。ただヤンチャな分やらかすことは多かった。プロ1年目の時、朝まで飲んで門限を破ってしまった。ロビーで寝ていたところ仰木さんに見つかったそうだ。それで仰木さんもそういう奴が嫌いじゃないからこそ「俺がいいと言うまで坊主にしとけ！」と言われて今も坊主。その後もずっと可愛がっていた。付き人のような関係性だった。楽天へのトレードも仰木さんは反対していたが編成が押し切ってしまったそうだ。

仰木さんとは俺も仲良くさせてもらった。シーズン後に亡くなった2005年も釧路に試合で来ていた際「お前どこにいるんだ？子供を連れて来いよ」と言ってくれた。その時、自分の体のことも分かっていたのだろう。試合前にベンチまで入れてくれて、選手たちに息子（優一）や野球仲間の親子がサインしてもらった。

その時、顔もどす黒かったし、釧路とはいえ夏場にジャンパーを着ていたので「体が相当悪いのかなあ」とは思ったね。でも「元気だよ。頑張れよ。会えて良かったよ」と。息子も嬉しかったと思う。自分の状態を分かって呼んでくれたんだと思う。

仰木さんなんて雲の上の存在だけど、そうやってちょっとした繋がりで、田舎のいち大学の監督も可愛がってくれた。だから、どんな小さな繋がりでも一度繋がったら切れないようにしている。野球が繋いだ縁だよね。

素行不良な選手の取り扱いについてはよく聞かれるが自分はこうだ。

最初はガツンといかず引いて、いろいろと話を聞いて「なんだ、そんなものか。俺の高校の時なんて、ああでこうで」と今じゃ言えないような話をする。そうすると皆「そうですか……」ってなる（笑）。「お前ら甘ちゃんだよ。そんくらいでいきがってんな！　それがどうした！」って。俺は頭（かしら）やるどころか頭を裏で引いていたからね。

野球も一緒。「もっとすげえ奴はもっといっぱいいるから頑張れ！」とね。自分もヤンチャだったから大概は分かる。「こいつはヤンチャやってんな」って。見てみないフリもある程度してやらないとね。

徳元と福川はヤンチャでどうしようもなかった。どこかに行きゃ喧嘩していた。よく地元の漁師と喧嘩した。でも自分でケツ拭けなかったのは一度だけだね。あとは自分で始末つけてきた。

その一度だけの時は面倒な相手に絡まれて、青たんまでできて帰ってきたね。ただ「お前らが手を出したらプロは無くなるぞ」と言っていたから我慢して袋叩きにに。

話は知っていたが「どうしたんだ?」と聞くと「2人でふざけていて階段から落ちました」と。「ああそうか」と。ただ「大事な試合前に練習サボっていたのは許さねえ」と1週間謹慎。とはいえ、あいつらいないと勝てないから「うちのレギュラー級12人とシート打撃で勝負して1人の走者も出さなければ戻してやる」と言ってね。そしたらパーフェクト。うちの打者も結構良かったから、手加減したかもしれないけどな(笑)。

それで戻ってきたらリーグ優勝、選手権出場みたいなね。絶対的なエースと4番だった。

福川も大体大浪商の同期の金森監督が「樋越のところで預かってもらうしかない」と。でも相当根性があった。

福川は大学選手権直前のオープン戦でデッドボールを食らってね。「ヒビ入っているんです」と言ったのは選手権を終えて網走に帰ってきてからだった。それでも打って守って活躍してくれた。

徳元と2人で強気の配球をしていたね。デッドボールを当てても「俺が行く！」みたいなね（笑）。両方で熱くなる。秋の明治神宮大会代表決定戦で東北福祉大を追い詰めたの（1対2）も彼ら。それ以降は東北福祉大の伊藤監督が「オホーツクには良い高校生を行かせるな」と言うようになった（笑）。それまでは落ちた子を紹介してもらっていたのに。敵として認められた気がしたし、「北は東北福祉大」という時代だったが、プロも出して選手権にも出て「北にはオホーツクもあるぞ」という印象がこのあたりから付いてきた。

繰り返しになるが徳元と福川は本当に手を焼いた。練習もチャランポランだし（笑）。

でも福川も打てばホームランのような凄い打球も飛ばしていたし、時代も時代だから楽しかったね。親分（俺）の言うことは絶対守ったし。飲み代渡したりして「悪さだけはするなよ」と可愛がっていた。

彼らは引退後に指導者として後進を育ててくれているのが嬉しい。

徳元は中学硬式野球の強豪・東練馬リトルシニアで監督をしている。勝ち気な性格が災いしてか職員としては球団に残れなかったし、そのあとに元プロの仲間と始めた野球塾も上手くいかなかった。それでどうしようとなった時に、横田さんと四分一明彦さんが立ち上げメンバーだった東練馬リトルシニアを紹介したんだ。

四分一さんは高校の監督時代からお世話になっていて、オホーツクの監督時代に精神的にも経済的にも助けてくれ、初代の父母会長もしてくれた私の恩人だ。息子の秀明（現東練馬リトルシニア顧問）も初期の教え子だ。7～8千万円くらいをトータルしたら注ぎ込んでくれたんじゃないかな。

四分一さんは「ではうちの会社で社員として雇いながら指導してもらいましょう」となったので、俺も徳元に「プロのプライド捨てられるか？」と。そうしたら「自分には家族もいるので頑張ります」とね。

最初は大変だったみたいだけど、侍ジャパンU－15代表のコーチにもなったし、全国準優勝もしているからね。今も「親父に何かあれば俺が行きますから！」と言っているけど「いいって。俺はヤクザじゃねえよ」って（笑）。

福川は大卒プロの話もあったんだけど、やっぱりチャランポランなところが見抜かれてしまった。それで堀井哲也（現慶應義塾大監督）が監督していた三菱自動車岡崎に預けて3年後にプロへ行かせてもらった。

社会人の時も福川は「樋越さんが呼んでるんで、どうしても2日間休ませてくださ い」と堀井さんに告げて俺のところによく来た。でも、飲み食いするだけで練習しないし、俺が遠征でいない間に来て俺のツケで飲み食いしたこともあった（笑）。

ヤクルトを戦力外になった時は韓国プロ野球へ行くと言っていたが「行って何するの？」と私は言った。「ブルペン捕手で残れるならヤクルトに残れ」と。今はコーチもしているので「我慢して良かっただろ」と数年前にも言った。

ブルペン捕手となると選手に比べて、そりゃ年収はだいぶ下がるけど「30いくつでそれくらいもらえるやつなんて一般社会でそんなにいないよ」と説得した。

そしてブルペン捕手を経て今は二軍でバッテリコーチをしている。球団に残って本当に良かったと思う。

努力でこじ開けたプロへの道

板倉康弘　01年度卒・オリックス（02－03）

小森孝憲　02年度卒・ヤクルト（03－05）

板倉は秩父の木こりの息子だった。これも私の恩師の同級生の方が秩父農工高校の監督をしていて「体とパワーならプロだぞ」と聞いたのがきっかけだ。

高校時代に通算40本以上は本塁打を打っていて、打球をピンポン玉のように飛ばす。イップスで投げられなかったが、足も速かったので獲ることにした。スローイングさえちゃんとできればプロでも一流になったのではないかという選手だった。

板倉は、当時オリックスが取り入れていた「契約金ゼロ円選手」の1人だった。北海道の社会人チームからも話があったのだが、そのチームの監督人事の混乱もあった。そこで「契約金は無しでもプロに行きたい」ということになり、その社会人チームには私が土下座してプロに行かせてもらった。

勝負強さもピカイチ。スカウトから「ホームラン打ったら獲るよ」と言われていた試合で本塁打、ヒット、逆方向のレフトフェンス直撃の長打と大当たりした。オリックスに入団してからも首脳陣の石毛宏典さん、中尾孝義さんともに「これは鍛えたら凄くなりますよ」と話していた。

ただ投げられないのはどうしても障壁になってしまった。イップスを治すのは私も得意で、考え方のスイッチさえ切り替えれば治るんだけど、投げ方が特有のものになってしまっていてどうしても治らなかった。

実は、彼の身体能力の高さと私の縁でラグビー選手に転向する話もあった。三洋電機（現埼玉パナソニックワイルドナイツ）のラグビー部の監督していた飯島均が俺の地元の後輩でよく遊んでいて、私のことを「兄《にい》すけ」と呼んでいた。野球を教えていたこともあった。飯島は当たれば飛ぶパワーはあったけど野球のセンスは無くてヤンチャだったから、「野球辞めてラグビーやれ。喧嘩と一緒だから」と私がラグビー転向を勧めたんだ。

お互い地元を離れてからは、全然会っていなかったのだが、網走がラグビー部のキャンプ地になっていたから、偶然そこで再会した。

板倉は身長が190センチもあったから「プロに行けなかったら三洋でラグビーしろ」と言って、練習に参加させたこともあった。結構やれて、飯島も「獲る」と言ってくれたんだけど、板倉自身は帰ってきてから「体が持ちません。野球ならどこでもやりますんで」なんて音を上げてしまった（笑）。

今はファンだった女の子と結婚して、その子が卵の配送会社の社長の娘だったから、その会社を手伝っているはずだ。

とにかく真面目で「練習しろ！」と私が言うと、いつまでも練習していた。外にも遊びに行くようなタイプではなかった。プロで活躍はできなかったが、持って生まれたものに加えて、そうした姿勢があったからこそプロに入ることができたのだろう。

小森も本当に努力家。横浜商大高ではそんなに大した投手ではなかったんだけど、ウチでは毎日ネットスローなどたくさん練習していた。

腰のヘルニアから復活して、エースにはなれなくても、2戦目に高い勝率を誇っていた。たまたま同じ連盟で大学日本代表に選出されていたサイドスローの投手が複雑骨折してしまい、大学日本代表のスタッフだった当時駒澤大監督の太田誠さんから電話がかかってきた。

「お前のところに同じようなサイドスローいるんだろ？　サイドスローの枠が空いたから呼んでくれ」

こうして運よく、小森が代替に招集されることになった。また、当時はプロアマの垣根を超える新しい試みとして、アマチュアの日本代表選手がプロ12球団のキャンプに何人かずつ派遣されていた。小森の派遣先は、のちに入団するヤクルトだった。

その時の一生懸命な姿勢が気に入られてプロに行くことになった。彼もまた、板倉と同じように、ひたむきなところが買われてプロに進むことができたのだと思う。

練習の虫

稲嶺誉　02年度卒・ダイエー、ソフトバンク（03-07）

徳元と同じ沖縄水産でも稲嶺は朝から晩まで本当によく努力し練習した。ただ稲嶺も、もともとはヤンチャだった。ウチの大学にも最初は「行きたくない」と言っていた。沖縄水産のコーチが「なんとかします」と言ったので待っていたが、春のキャンプが始まってもいっこうにやって来ない。「どうなっているんだ」と沖縄水産のコーチにもう一回言うと、さすがにキャンプ途中からやって来た。

それでもプレーを見てみると素質の良さは一目瞭然だった。とはいえ途中からキャンプに参加した選手を一軍に置いておくわけにはいかないので当初は二軍に置いていた。そうすると、二軍を観た知り合いや他の監督が「監督、二軍に凄い子がいるよ」と口々に言ってきたほどだ。「知ってるよ。でも色々あるんだよ」と言うしかなかった（笑）。

しかし「ここでやる」と覚悟を決めたのか、チームに合流してからはいくらでも練習するようになった。

彼も一回イップスになって悩みに悩んだこともあったが、練習が終わった夜6時から11時くらいまで学生コーチの青木と毎日ノックをしていた。バットも人一倍振ったし、努力家だった。

ある日、私が練習を終えてから息子の優一とともに、近所の温泉に行って夕食を取ってからグラウンドの横を通ると、周囲は真っ暗な中で練習する人影があった。そこで優一に観に行かせると「稲嶺のお兄ちゃんがまだ練習している」と驚いた様子で帰ってきた。

その努力は決して裏切ることはなかった。彼の人生がかかっていたとも言える、ホークスのスカウトが視察していた練習でそれが生きた。最初は当てるようなバッティングばかりをしていたので「アピールのためにも放り込め！」と言ったら直後に柵越えを何本も打って、見事ドラフト指名にこぎつけた。

するといきなりルーキーシーズンから出場機会を得て日本シリーズにも出場した。

だが、巨人・高橋由伸の打球に飛び込んだ際に頸椎を負傷してしまい、その後は思うように活躍できなかったのは残念だった。

それでも彼は野球界に必要とされ、独立リーグのコーチを経て、今はソフトバンクのスカウトをしている。ノッカーを務めていた青木も、今は鍼灸師。人を助ける仕事が向いていているようだった。


稲嶺といえば相当モテたし、友達も多かった。

ある時、チームの名古屋遠征の時に雨の中でもずっとウチのチームを見ていた女の子がいた。どこから来たのか聞くと、なんと網走から来たと言う。それならばと私が車で駅まで送ってあげた。しかし後から選手に聞くと「あれは稲嶺の彼女ですよ」って（笑）。あいつの彼女なら送らなかった！

その子は漁師の娘で稲嶺と卒業後に晴れて結婚。現役引退後は漁師を継ぐという話もあったらしい。彼女の父親も地元の審判もされていて本当に良い方。素敵な奥さんをもらったと思う。

また、日本シリーズが終わった後に稲嶺と飲んでいたら「友達を呼んでいいですか？」と言うので、「せっかくだからいいぞ」と返したのだが、気づけば20～30人くらいの大宴会に。「お前、何人呼んだんだ！」と聞くと「いやあ、3、4人なんですけど……」と頭をかく。沖縄らしく友人が友人を呼び、さらにその友人が友人を呼んだようだ（笑）。

そんな分け隔てのない性格だったからこそ野球界にも残れたのかもしれない。ウチに入る前はいざこざがあったが「網走に来なかったら、僕は野球に没頭できなかったと思います」とのちに話してくれた。

この代は小森と稲嶺に加えて三垣もいた。日本一を本気で狙っていたが残念ながら全国16強で終わった。彼らで結果を出せなかったのは、今も悔しい。

PLから来た逸材

小斉祐輔　05年度卒・ソフトバンク（06−11）楽天（12−15）

彼はPL学園で今江敏晃（現楽天コーチ）らと同期だったが、部内の不祥事で最後の夏は出場停止。甲子園への道を閉ざされた。この時、今江、小斉、朝井秀樹（元近鉄、巨人）、桜井広大（元阪神）、堂本裕平、藤井良治とレギュラー級6人について、PL学園の井元先生から「出場停止になり、行くところが無いんだ。樋越くんどうする？」と尋ねられた。当然、私は「全員ください」と伝えた。

うちの練習参加に来た時なんて、うちの投手より良い球投げるわ、簡単にパカーンと打ち返すわで「これは、凄いな」と驚いたからだ。

すると井元先生は「分かった。全員送る」と仰ってくれた。

「これはついに我々も日本一だ！」と心の中で拳を握った。

そんな期待も束の間、また一人また、一人と彼らのプロ入りが決まっていった（笑）。今江は最後までなかなか進路が決まらず「オホーツクに行きます」という返事をしていた時もあった。だが、最終的にはロッテが「獲ります」となってしまった。

でも練習に参加した時の今江の目は忘れられない。野球に対して、それはもう本当にギラギラしていた。

　そんな中で、小斉と堂本と藤井はウチに来てくれた。特に小斉は早くから三垣の後継者となる左の強打者として期待していた。小斉は「高卒でプロに行きたい」とギラしていたが、足が遅かった。だから周りも「樋越監督に鍛えてもらってからでいいのではないか」と勧めてくれたし、私も本人と話して一生懸命に口説いた。

　彼は1年生の頃から4番。上級生になるとキャプテンも任せた。そのシーズンは開幕3連敗を喫して「もう神宮に行けないです」と泣いていた。でもその時に「これから7連勝すればプレーオフもあり得るだろ！　お前は毎日ホームランを打て」と言ったら、本当に彼は新記録を作るほどの本塁打を打ち、プレーオフを経て逆転優勝まで掴んだ。「だから言っただろ！」と褒めた。

　さらに全日本大学野球選手権では、その年から会場として使用されることになった東京ドームで、ドーム第1号本塁打も打った。そのホームランボールを私にくれるような粋なところがあった。

　ただ彼も干されたことはあった。寮から学校までの「7キロロード」をある日、私があえて時間を遅くして向かうと、タラタラと歩いている小斉の姿を見つけた。

「それがキャプテンを任された人間のすることか！」

私は厳しく叱責した。彼の中にも驕りがあったのだろう。３ヶ月間、グラウンドには入れなかった。ただ私としては、彼はもともと守備があまり上手ではないので、「打たせてさえいれば大丈夫」と考えていた。

「ウチを辞めることになっても、どこかで野球はやるんだろう」と言って、打撃練習だけは室内で許可していた。

彼は毎日、マシンを相手に何千球と打ったと思う。マウンドの前に砂止めの木があるのだが、何度も小斉が当てるものだから割れてしまった。何度も何度もセンター返しを意識していたのだろう。また打球を同じところに打ち返すうちにネットを破り、しまいにはネットの奥にある壁にまで穴を開けてしまった。その穴は、彼のように一生懸命練習する選手がいたことを知らせるためにも、「小斉の穴」としてしばらく直さなかった。

この頃の小斉は悔しさのあまり毎日打っていた。良い打者は何度も同じ打球が打てるのだろう。技術はもちろん、それを続ける精神面も凄かった。

一方で「足が遅い」という課題は残ったままだった。卒業時には北海道で力をつけてきていた社会人チームに進むことも考えた。私と副社長が知り合いという縁もあったからだ。

しかし、そのチームが突然の休部。困ったのだが「育成でもいいから獲ってもらえないか？」とホークスに育成ドラフトで拾ってもらった。やはり打撃は良かったので、すぐに育成選手から支配下選手に昇格し、一軍で3番を打たせてもらったこともあった。3年目には初本塁打も打ったし、4年目には二軍とはいえ3つの個人タイトルを獲った。ただチームが機動力重視へと舵を切るようになっていた頃で、守備と走塁に欠点のある彼の出場機会は限られてしまった。もっとやれると思ったのだが、かわいそうだったな。その後移籍した楽天でもチーム方針と上手く噛み合わず引退することになった。

歴代のOBの中で打撃は、ブランドン大河（西武）の比ではないくらい良かった。教えてできることではない「打球の角度」を持っていた。

もっと活躍して欲しかったが、今は福岡で牛タン屋を営んでいる。一生懸命に修行をした末に開業。相当な努力をしているようだ。コロナが収まったら店に行ってやりたい。

3番手投手からの成り上がり

飯田優也　12年度卒・ソフトバンク（13－18）、阪神（18－20）、オリックス（20－）

飯田は高校時代、神戸広陵の3番手投手だった。練習を観に行ったら怒られてベンチ裏で泣いていた。良い投手が2人いたことやヤンチャだったこともあって、あまり使われていなかった。泣いている彼に「どうしたんだ？」と聞くと「監督に嫌われている気がします」と拗ねていた。一方で、体は細いけど球持ちが良く、打ちにくいストレートを投げていた。

「そっか、うち来るか」と尋ねると、彼は即答で「プロに行けますか？　どうしてもプロに行きたいんです！」と聞いてきた。彼の目力もまた本物だった。

当時の彼を知る関係者から「あんなの獲ったって人間的に厳しい」と言われた。でも「そんなこと言うなよ」と思って、飯田が練習に来た時にそれを伝えた。「プロに行きたいんだろ？　見返してやれ」とも言った。

「頑張ります！」と言って入学してきたんだけど、その割には本当にヤンチャで練習はテキトーだった（笑）。でも投げりゃ凄いし、やる時は凄くやる。彼にはそんな漢気があった。

彼の学年には陶久（すえひさ）亮太（セガサミー）という投手もおり、右のエースは陶久、飯田が左のエースだった。

陶久は、帯広農業高校で野球に打ち込み、ある意味自分の素質にも気が付いていないような純朴な選手だった。飯田とは対照的な優等生で真面目。全く擦れていない高校生だった。

彼は北海道の強豪校であるウチの野球部を自ら選んで来てくれた選手だ。その当時の彼は「ここの野球部は誰でも入れるわけではない」と聞いていたらしい。それでもキャンパスの環境や野球部の施設を見学したい気持ちが強く、大学主催の見学会に参加していた。当時、私の部下であった濱屋という職員が、オープンキャンパスに参加していた彼や家族に会い、野球部への入部を強く希望していることを聞き、当日不在で直接会えなかった監督の私にその情報を伝えてくれた。ぜひ彼を見て欲しいと熱心に言われたが、私は「それほど大した選手ではないだろう」とタカをくくっていた。
しかし、その後練習参加し陶久を見た時、そのブルペンでの立ち姿、球筋に驚き、彼の素質に「掘り出し物だ！」と思ったことを覚えている。まだまだ未完成ではあったが、プロにも行けるのではないかとさえ予感させた。

こうして飯田と陶久が左右の両輪となり、お互いに意識し合い、切磋琢磨した結果、彼らが3年の秋に神宮大会への切符を手する事になる。統率力のあるキャプテンを中心に、本当にみんなが一丸となって頑張っていた。

当時、連投を強いることもあったが、ここでも飯田の漢気が発揮された。東北福祉大との明治神宮大会の代表決定戦を前に彼の肩はパンク寸前だった。それでも彼は「僕が行きます。大舞台に行かないと僕もプロのスカウトに観てもらえないんで」と答えた。限界に近づいていたにもかかわらず、彼はそう言い切ってくれた。

「飯田が行くところまで行ってくれるから、その後はみんなで踏ん張ってこの試合絶対に勝とう」

投手全員を集めて私はそうハッパをかけた。

言葉では「自分のために」と言っていたが、チームのために投げて、1人でこれまで何試合も投げてくれていた。陶久もそれに負けずに何試合も投げてくれた。

飯田はこの代表決定戦で肩に痛み止めの注射を打ちながら投げ続けた。1勝1敗で迎えた3戦目、彼は5回まで投げ切ってくれた。壮絶な投球だった。知人の医者を呼んで、1回に球場のトイレで痛み止めの注射を左肩にし、3回に再度注射。何とか0点に抑えてくれた。

6回が始まる前のグラウンド整備中に、飯田が私の前に来て「すいません。もう肩がブヨブヨしています」と告げた。痛み止めを何度も射った為にその感覚になっていたのだろう。そこで6回からは陶久に交代。必死に投げてリードを守りきった。陶久は丁寧に、1球ずつ、ワンアウトずつ、1回ずつを淡々と投げ抜いた。おそらく陶久も、飯田に負けないくらいの熱い闘志を燃やし、投げ続けていたんだろう。それにもかかわらず表面には出さないのも彼らしかったが、飯田からの思いを繋ぎ、投げ抜いたことは確かだった。そして見事に初めての明治神宮大会への出場を決めたのだ。これは、私の野球人生の中でも、強く心に残っている一戦だ。

神宮大会に行くと、飯田は肩の故障でまったく投げることができなかったため、その思いを継いで「飯田のためにも頑張ろう」と全員が奮起した。陶久も飯田のために熱投した。結果、僅差で負けはしたが、陶久は7回から暑さで足が痙攣を起こしながらも9回まで投げ切った。選手の頑張りを思うと、本当に無念な惜敗であった。

神宮で負けはしたが、その試合が終わった時に選手全員が晴れ晴れとした顔になっていたのを今も覚えている。これが神宮大会初出場の思い出である。ここで「俺はこのチームをまた強くできるのだ」と確信した。一から選手たちと向き合い、根気よくやればいいのだ。こんなに素晴らしいチームができたことを考えると、何事にも当てはまると思う。

人に真剣に立ち向かい、様々な人間が自分の特性を活かすことで、組織は強さを格段に増すのだ。

飯田はプロ入り後も育成から支配下登録を勝ち取り、一軍でも活躍。ソフトバンクから阪神、オリックスと移籍を経験しているが、それも「求められる人材」だからこそだ。

山奥の逸材

風張蓮　14年度卒・ヤクルト（15－20）、DeNA（21－）

彼は中学時代に軟式ながら最速138キロを記録していたほどの逸材だった。岩手県選抜にも選ばれ、東北の強豪校からすべて勧誘されたほどだったと聞く。だが気心知れた仲間たちとの甲子園出場しか考えず、誘いを断り、自宅から一番近い伊保内高校に進学したそうだ。

息子・優一が通っていた千葉経済大附属高校と伊保内高校が合同練習をした際に「今日、凄いのがいた」と息子から連絡を受けた。それが風張だった。千葉経済大附属の松本監督に電話したら「彼はいずれプロでしょう。絶対に獲った方がいいですよ」と勧められた。

そこから私は、伊保内高校に足繁く通った。学校は周りに何も無い山の中。青森の二戸で電車を降りて、そこからレンタカーで30分。青森と岩手の県境を越えて、狸も出るような暗い山道をずっと行った九戸郡九戸村に伊保内高校はあった。練習場所は近くの村営グラウンドで、その明かりを目指して、何度も通った。

会話はできても、いつも二言三言。それを何度も繰り返した。すると両親が「これだけ熱心に来てくださる樋越監督のもとへ行ってやるべきだ」と言ってくれて、これが一番の決め手になった。

最後は学部長を連れて行って、校長先生・両親・本人で面談して、お父さんが「大学はここにしなさい」と本人に言ってくれた。甲子園に行っていたらプロへ行っていたかもしれないが、県大会で負けたのでウチに来ることになった。

東京六大学リーグ、東都大学リーグといった強豪校からも誘いはあったようだが、高校の監督さんも「田舎の子だから都会に出して潰れてしまうよりかは北海道の方がいい」と思ってくれたようだ。

性格的には、ずっとワンマンチームでやってきたから「俺がやる！」という気持ちでやってきたのだと思う。だが大学に来るともっと凄い奴がたくさんいる。そこでちょっと戸惑っていた時期もあったが、結局は自分を貫くことができた。群れずに、自分のやるべきことを黙々とやることができた。体も強かった。「俺の道を行きます！」という気概があった。

風張は当初、体は大きくても鍛えられてはいなかった。我流で鍛えさせてもダメになると感じた。

体の動きを覚えさせようと、鳥取にあるワールドウィング（イチローなども通う初動負荷理論に基づいたトレーニング施設）にも私が金を出して行かせた。「いろんな話を聞いて来い」と送り出して、帰ってきてからはみんなの前でレポートを発表してもらった。

高校時代からプロも注目して150キロ近く投げていたので、これはちゃんと育てないと周りから何を言われるか分からないというプレッシャーもあった。入ってきた時点でのポテンシャルは、過去のどの選手よりも群を抜いていた。「プロに絶対行かせる」とまで言いきったので大切に育てた。

ただ、大切に育てすぎて一本立ちまでには時間がかかった。球は速いけど、制球がまとまらない。高校生だと手を出してくれるボール球を大学生は振ってくれないからだ。

先発しても2回から3回までは好投するのだが、5〜6回になるとボールを置きに行きはじめ、相手打線に捕まることが多かった。ずっとそこで壁にぶち当たるので、彼に言った。

「もういい。3回まででいいから全力で投げろ」

全開で行かせて、あとは玉井大翔や井口和朋に繋ぐことにした。そうやって全力で行けるところまで行かせているうちに、彼なりに掴んだものがあったようだ。そこは一つ大きな分岐点になった。

150キロ近い球を短いイニングで全力で飛ばして投げているのだから、リーグ戦では打者が前に打球を飛ばすことすら大変だった。

良くなったからには、次は「いかにして彼を売り込むか」だ。しかし、この年の春のリーグ戦では優勝を逃してしまった。「優勝できる」と思ったシーズンで負けたのは、これが初めてだった。「全国優勝できる」とさえ思っていた世代で、大学選手権すら出られないのは一大事だった。

プロ入りに向けても、相変わらずのんびりしたところはあったが、しっかりと調子を上げてくれた。東北の企業チームへ練習参加した時は、社会人野球の打者が前に打球をまったく飛ばせないほどの球を投げていた。これをスカウトも観ていたので、「やっぱり風張は良い」と評判になっていき、最終的にはヤクルトから2位で指名を受けることができた。

そして、秋の全国大会である明治神宮大会にもなんとか出場できた。ただ、出たのはいいが、風張は初戦の1回の一塁ベースカバーで肉離れを起こしてしまった。その後は報道陣に嘘をついて「あんな舐めた投球しているから、もう使わない」と言ったが、実は投げられる状態ではなかった。

だがそこから井口や玉井、野手陣が奮起してベスト4進出。最後は今永昇太（DeNA）や江越大賀（阪神）のいた駒澤大に敗れたが、風張がいれば日本一になれたと今でも思っている。

最後まで「持ってない奴だな」と思った（笑）。ただ、よく成長してくれた。

プロではまだ成功を収められていないが、ポテンシャルは凄いものを持っている。人見知りだから俺に預けたのだと思うのだけれど、プロでも環境に慣れるのに時間がかかったのだと思う。ヤクルトを戦力外にはなってしまったが、拾ってもらったDeNAでひと花咲かせてもらいたい。

思わぬ掘り出し物

玉井大翔　14年度卒・かずさマジック、日本ハム（18－）

春のまさかのリーグ戦敗退から秋の全国ベスト4へ飛躍した要因には、玉井の存在が大きかった。春の負けは自分の責任だという気持ちを持っていて、秋の彼は悲壮感すら漂うほどの気迫で投げていた。

玉井は旭川実業高校で甲子園に出ていたが公式戦ではほとんど投げていない3番手

投手だった。当時の監督が「本当はもっと使ってあげたいんだけど、もう2人の投手が良くて……」という話をしていた。1人は東都の大学に進み、もう1人は巨人に行った成瀬功亮だった。実は成瀬もうちへの入学を予定していたのだが、甲子園で145キロを計測。そうしたら巨人に育成選手として持っていかれてしまった。

ただ、その2人の投手を観に行った時に玉井を発掘することになる。2人を観終わり「では成瀬くんをぜひウチにお願いします」と言った後、たまたま1人で一生懸命投げ込んでいる細身の投手を見つけた。「2年生にしては良いボールを投げているな」と思った。もう少し見てみるとスライダーのキレも凄いじゃないか。

帰り際、旭川実業の監督に「来年楽しみな2年生がいますね」と聞くと、「いえいえ、あの子は3年生です」と聞いて驚いた。さらに話を聞くと、網走の隣にある佐呂間町の出身だという。

こうしてお目当てとして獲りに行った2人にはフラれたが、結局は玉井が来ることになった。だが、彼は本当に掘り出し物だった。

とにかく練習を一生懸命するし、オープン戦で登板させても好投する。高校時代に

3番手だったので「投げたい！」という気持ちの強い子だった。

そこで1年の春の開幕戦で思いきって先発させてみた。すると、いきなりノーヒットノーラン。そこで自信を掴むと、一気にうちのエースになっていった。足踏みなく順調に成長していったが、4年の春に「自分がこのチームを勝たせるんだ」という思いが強すぎて空回りした。得意のスライダーに頼りすぎた分、ストレートの質が悪くなってしまった。ストレートを打ち込まれて、全国に行けなかった。

秋は風張が先発で全力で行けるところまで行き、その後を井口が継いで、玉井が抑えでいくという形で、なんとか神宮大会に進むことができた。

進路は春にストレートが135キロくらいまで落ちてしまったので、プロは既にもう手を引いていた。そこで世田谷キャンパスでコーチをしていた時の教え子である久保涼平がコーチをしていたかずさマジック（現日本製鉄かずさマジック）に預けることになった。「2年でプロに頼むよ」と伝えて。2年目の秋も好調だったのだが、ドラフト会議でなかなか指名はされず、ようやく8位で日本ハムに指名された。

プロでも1年目から一軍で登板し2019年には65試合に登板。活躍してくれていることを嬉しく思う。

在学中は「スライダーをどのカウントで使うべきか？」ということはよく話した。そうした中で、彼なりになにかを掴んでいったのだろう。真面目でコツコツやれる子。社会人野球でしっかり力をつけてくれたからこそ、今があるのだろう。

泣き虫だけどタフ

井口和朋　15年度卒・日本ハム（16－）

井口は泣き虫な男だった。武相高校の試合を観に行くと、いつも打たれて監督の桑元孝雄（現東農大コーチ）にメチャクチャ怒られて、悔しがっている姿を何度も観ていた。泣いている時もあったから「ここで泣くな。頑張れよ」とよく声をかけていた。勧誘する際にも桑元から「根性が無いですけど大丈夫か？」と聞かれたくらいだった。

地元の大学にも誘われていたが、「プロに行きたいか？」と聞くと「はい」と答えるので「じゃあウチに来い。一生懸命やったらプロに行けるぞ」と声をかけた。

ちょうど1つ上に風張と玉井がいたので、中継ぎで経験を積むこともできたし、先発で井口がダメでも2人がカバーしてくれていた。

努力もよくしたし、頭が良かった。「これをやれ」と言うと、自分でアレンジして合理的に練習ができた。

ある時、ストップウォッチを自分で持って来たことがあった。レフトとライトのポール間のタイム走で、私はわざとタイムが切れていても、追い込むために「切れてない。もう1本！」と言うことがあったが、井口は自分でストップウォッチを持って走って、「監督さん、タイム切れてますよ！」と言ってきた。後にも先にもそんな選手は井口しかいない（笑）。

3年の秋には全国ベスト4に行けたので、侍ジャパン大学代表にも彼を推薦した。周りにはドラフト1位候補もたくさんいた。当時の井口はまだプロと言えるレベルではなかった。だからこそ代表の善波達也監督にはこう言った。

「ドラフト1位候補を壊したら大変だぞ。その点、ウチの井口は3球で肩ができるし、どんな状況でも投げるから使っていい。でも、なるべくマスコミが多く来ている日に使ってくれよな（笑）」

すると日本での合宿中の練習試合でも国際大会（ユニバーシアード）本戦でも雨の中でも投げた。こちらの寒さに慣れているので、いつでも半袖で、腕を思いきり振って投げて相手打線をねじ伏せた。

スカウトもそれを観て「馬力もあるし、いつでも行けるタフさがある」と評価してくれて、ドラフト候補に。それでプロに行けたのだから、善波監督に感謝するとともに、私の立てた作戦も大成功だった。

玉井や井口はまさに〝雑根〟の精神を持つ選手だった。踏まれても蹴られても花を咲かせる力があった。

樋越家の悲願

樋越優一　15年度卒・ソフトバンク（16-18）

アメリカのケネディ家の〝三世代思考〟のようなものを何かで読んだことがある。

簡単に言うと、父が叶わなかった夢を子供に託して……というような話だ。
樋越優一は私のひとり息子で「プロ野球選手にしたい」と育ててきた。名前も「優勝して一番になる」の意味が込められている。幼い頃から「プロ野球選手になれ！」「なりたい！」という会話は親子でよくしていた。

どこに行っても「樋越監督の息子」と扱われるのは彼にとって辛いことも多かったと思うし、いろんなことが彼にもあった。

北海道ではなく本州の千葉経済大学附属高校に行かせたのも様々な事情があった。網走で生まれ、野球を始めてからは私の英才教育も受けていた。5歳には既にマシンでバッティング練習をしていたほどだ。中学に入っても軟式野球部で何本もホームランを打って活躍していた。しかし、その分、大会になると徹底して勝負を避けられた。1試合4四球という日もあったほどだった。
中学1年の夏だったか。ある試合で全て敬遠されてしまい、「ここにいたら野球が上手くならない」と言い始めた。「高校野球になったら本州とか行かせるから」と言ったのだけれど、田舎の大将のようになって生意気になっていたので、「じゃあ東京に行かせよう」という話になった。中学硬式野球の強豪・東練馬シニアは、ウチの黎明期から今もお世話になっている後援会長の四分一さんが理事を務められている。そこで、頼んで優一を練習に行かせたのだ。

私としては、もっと凄い奴らを見て「自分はまだまだ」と思って帰ってきて欲しかったのだが、そこでホームラン打ってしまった。そうなると今度は「どうしても行きたい」というので東京の中学校に転校して、野球は東練馬シニアですることになった。

その時のチームも強くて、3番に谷田成吾（元ＥＮＥＯＳ）、4番に伊藤拓郎（元ＤｅＮＡ、現日本製鉄鹿島）がいて優一が5番で全国大会に出た。伊藤と一緒に帝京に行くはずだったのだが、その年に千葉経済大学附属が甲子園でベスト4まで勝ち上がった。帝京の前田監督も「お前の息子だし獲るよ」と言ってくれていたのだが、千葉経済の松本監督も関係は深かったので預けてもらうことにした。

シニアの公式戦がすべて終わったので、中学3年の秋にはもう一度網走の中学校に戻ってきて、再び同じ屋根の下で暮らす期間があった。私ほどではないが、ヤンチャだった優一も親元を離れて野球に打ち込み、心身ともに成長して帰ってきた。

高校では同級生に猪又弘樹という社会人野球の強豪・ＥＮＥＯＳまで行った捕手がいたのだが、最後の夏は彼がショートで優一が捕手に。いろんな大学に誘われるようになった。

本人は「法政に行きたい」という話だったのだが、私もいろいろと考えた。アマチュア最後の４年間は私が見てやるべきだと思い立った。東京の生活の方が本人は気に入っていたが、「４年間やってから、プロや社会人でまた都会に出ればいい」と説得した。

ただ、やはり「息子をえこひいきしている」と言われもない噂を立てられたことは何度もあった。優一の１つ上には池沢佑介という強豪・ＮＴＴ東日本に進んだ捕手がいた（現在はマネージャー）。ある時、「自分が、自分が」いう気持ちが強すぎる池沢を見て、一度セカンドのポジションを体験させることにした。そこで優一を捕手にしたのだが、「息子を使いたいから池沢を外した」なんて言われたものだ。もちろん池沢には「1シーズンはセカンドのポジションから捕手の動きを見て、何が大切かを考えるんだ」という図もしっかり説明していた。そうすることで捕手としての資質を学んで欲しかったのだ。

優一も池沢が卒業すると、最後の学年はキャプテンを務めるまでになった。捕手としては同期の渡部生夢という選手がいた。後に独立リーグに進むのだが、彼は玉井と一緒に旭川実業で甲子園にも出た経験のある良い選手だった。

この2人の捕手を比較すると、渡部が右打ち、樋越が左打ちくらいの違いしかないほど実力が互角だった。そのため、相手投手の右左で起用を変えていた。最終的には樋越優一が正捕手・4番となった。ここでも、最終学年で息子をキャプテン、4番、正捕手という大黒柱としたことで、様々な葛藤があったが、そのぶん厳しく接した。

その中で忘れられない出来事がある。彼の大学野球最後の秋季リーグだ。思うように勝率が上がらない中、函館大との一騎討ちにもつれ込んだ。この最終節の2戦目、優一が打てずに負ける結果となり、その日のミーティングで彼に対し私は厳しい言葉をかけた。

この時、彼は監督である私に対して初めて不満を訴える態度を見せた。ミーティングでそんな態度をとるキャプテンを監督として使うことはできない。父子ということは関係なく、監督と選手として絶対許されることではない。彼の中に自分への歯痒さや悔しさが強くあっての態度だと理解はできても、チームとして、キャプテンとして、監督に対しては絶対あってはならない態度だったのだ。

翌日のプレーオフには、当然渡部を起用することになった。渡部は前々日の試合で指名打者として活躍し、力を出してくれてのプレーオフだったからこその起用だった。

このことは、父子としては実に難しい部分ではあった。心情的には「学生野球最終の試合になるかもしれないから、使いたい」という親心もあったが、勝負の世界はそれほど甘くなく、そんなことが通るわけがない。

一方でこの時はコーチだった三垣が「お前、監督の言っている意味が分かるか?」と諭してくれて、試合前に本人が私に謝りに来た。結果として試合途中から優一を起用し、ヒット2本を打ち勝利した。たとえ接戦になり負けたとしても、渡部の起用に後悔はなく、周りも納得すると思っていた。

親子で同じ組織にいることはとても難しいことで、傍から見ると、根拠のないえこひいきとか、特別扱いと映ってしまう。ごく普通に接していても、そのように見られるからこそ、厳しく接するしかない。それでも周りは納得しないことがあるのが事実だった。

彼が入部するとき、約束をしたことがある。

「毎日の練習は最後まで残ってやること」
「最後にグラウンドを出て寮に戻って来ること」
「このチームで野球をやる限り、お前は俺の教え子であって、俺はお前の監督だ。父親としては話しかけるな」

この4年間は完全に「父と息子」ではなく「監督と選手」だった。私も選手としてしか扱わなかったし、彼も常に監督と呼んでいた。実家にも一度も帰ってこなかった。年末年始も沖縄で、トレーナーとトレーニングをしたり皿洗いのアルバイトをしていた。ともに私の知り合いが運営していたので紹介してもらった。泊まるところはホテルなどではなく1500円くらいのところで「修行だ」と伝えた。

進路は社会人野球の大企業のチームからも内定をもらっていたが、プロ4球団ほどからも「どうしますか?」と興味を持っていただいていた。私としても「樋越家としての親子三世代での夢」があったし、ウチの母親が生きているうちにプロに行かせたい思いがあったので育成でもプロに行かせることにした。社会人のチームには直々に「申し訳ない」と謝りに行った。

プロ野球選手としての生活は3年で幕を閉じたが、彼はいろんな人に助けられた。今も球団でスタッフとして働いている。

大学時代はキャプテンをやりながら荷造りだとかマネージャー的な役割もやっていた。それが引退後の今の仕事にも繋がっているかもしれない。

引退した時に「プロの世界は大変だったろ?」と聞いたら、高校の時の方が大変だったようだ。練習試合などではどこの高校の監督からも「樋越さんの息子を」と呼ばれるらしく、そこでバットや革手袋をもらうのだが、それで周りからとやかく言われたようだ。「あれは辛かった。呼ばないでくれと思っていた」と当時を振り返っていた。
高校1年の時に1度夏に網走へ帰ってきたんだけど、10円ハゲが3つくらいできていた。妻は心配していたが、私としては「それくらい乗り越えないとプロは行けないから」と諭した。だが私の息子ということで相当苦労はしていたと思う。

プロでは水が合ってみんなにも可愛がられたし、施設が良い分、大好きな野球を朝から晩までできて優一にとっては最高の環境だったそうだ。マシンがたくさんあるから打ちたい時に好きなだけ打てるし、トレーニングも進んでいる。野球がこれまでで一番打ち込める環境だった。

こうやって現役を終えてからも球団に置いてもらって、皆さんに可愛がっていただいているし、今は周東に岡本直也、中村亮太もソフトバンクでお世話になっており、あらためて縁の大切さを感じる。

「プロになれるぞ」と洗脳した球界屈指の韋駄天

周東佑京　17年度卒・ソフトバンク（18－）

2011年の夏。附属校である群馬の東農大二高を訪れると、体の線は細いが足が速くて、走り方も綺麗な選手がいた。それが初めて周東を見た瞬間だった。二高の監督に聞けば、まだ1年生だという。その場ですぐに声はかけなかったが「2年後楽しみだ」と感じた。

ところが2年経つと「楽しみ」どころではなくなった。あまりの俊足ぶりにプロ球団のスカウトたちが続々と視察に訪れた。私にとっては是が非でも欲しい選手。まだ線も細く、攻守とともにもっと鍛えてからプロに行くべきとも考えた。

第一、当時の周東は自らの能力に一番気づいていないのではないか？　と思うほど、プロ野球選手になることを現実的に考えていなかった。私は周東を獲得すべく毎週のように網走から二高のある群馬へと通った。

「必ず4年後、プロに行かせてやる！」

そう口説いても本人は返事をしながらも、頭にはクエスチョンマークが浮かんでいるようだった。当然、他の大学からも声は掛かっていたが、監督たちに「附属校の子だから、なんとかそこは」と頼み、引いてもらった。

彼の本音としてはウチの世田谷キャンパスに行きたかった気持ちもあったようだが、遊ぶような場所などまるで無く「野球と勉強をするしかない」と言える網走の環境の方が合っていたように思う。


網走は白夜で夜の2時半くらいから明るい。明るかったら練習しない理由は無いということで彼らは朝4時半に起きて、寮から大学までの7キロを走り、朝6時からの練習に参加した。

入学当初から言い続けたのは、「しっかり振れ」「体を大きくしろ」という2点だった。1年時は内野手に良い上級生もいたためレフトで使った。選手権にも1年生ながらレギュラーで出場。その後はサードやショートもやった。どこでも守れるようになった方が良いというのはもちろんだが、フル出場で使いたいがための策でもあった。

たくさん打席を与えれば、打席での経験だけで進塁や盗塁の経験値も増やしていけるからだ。

彼にはほぼ「いつでも走ってよい」というサインだったが、最初はなかなかスタートを切れなかった。だから「勇気を持て。打席でもどこの塁でもアウトになれば一緒だ」と説いた。また、打撃に関しても足が速いからといって、内野安打のためにサードゴロやショートゴロばかり打っていては先がない。「〝当て逃げ〟じゃプロに行けないぞ」と言い続けた。これは稲嶺にもよく言っていたことだ。足が速い選手はどうしても足の速さ〝のみ〟を生かそうと思ってしまうが、大学の時点でそうなってしまったら、プロの世界で生きていけない。

彼は真面目で一生懸命。毎年春前に行う沖縄キャンプでは、手のひらが潰れたマメだらけでボロボロになるまで振り込みをさせた。

ドラフトの結果は育成選手としての指名だったがソフトバンクに入れたことは彼にとっても良かった。2015年に息子の優一（現ソフトバンクスタッフ）がいたため、

〝父親〟として施設を見学したが、他球団とは比べものにならないほどの充実度に驚いた。ピッチングマシーンが常に6台ほどあっていつでも打ち込みができるし、食堂はレストラン、トレーニングルームはフィットネスクラブのようだった。また育成選手を中心とした三軍でも年間80試合近くが組まれ、実戦経験も豊富に積める。ここならば彼も順調に成長できるのではないかと思った。

唯一、不安だったのは、あまり出しゃばる性格ではなかったことだ。厳しいプロの世界でどうなることかとは懸念していたが、これは杞憂だった。

とはいえ、まさか侍ジャパンに入る選手にまでなるとは思わなかった。彼の活躍をこれからも楽しみにするとともに、レギュラーとして長年活躍する選手になってもらいたい。

卒業までは見てあげられなかった3選手

岡本直也　18年度卒・ソフトバンク（19－）
中村亮太　20年度卒・ソフトバンク（20－）
ブランドン大河　20年度卒・西武（20－）

彼ら3人は私の異動で4年生の最後まで指導をできなかったのが心残りだが、その後も気にかけ面倒を見てきた選手たちだ。彼らも大いに飛躍する要素は持っている選手たちだ。

岡本は練習やトレーニングをやりすぎるとすぐ体のどこかが痛くなってしまうところがまだある。

右腕の中村も評判が良いらしい。もともと彼の親戚である故・中村勝広さん（元阪神・オリックス監督およびGM）と生前、懇意にしていたこともあって「俺の親戚がいるから面倒見てくれ」とは言われていたし、千葉経済大附は優一を含めてお世話になっていたので、網走にやってきた。彼もまたそうした縁で繋がり、ドラフトでも育成指名ながら、これまた縁深いソフトバンクに入ることになった。彼の腕の振りとストレートの強さは大化けの可能性がある。ソフトバンクの恵まれた施設で素質を開花させて欲しい。

ブランドンは「南の海が恋しい」とか言って、一度逃げて沖縄に帰っちゃったこともある。沖縄の子にはそういう子が多い。

慣れないいんだよね。東京の大学に来てもそう。時間の流れが沖縄と違うんだろうね。彼らはゆっくりと生きているのだけど、常に追われて動かないといけなくなると大変なようだ。

ブランドンは沖縄に行って私が説得した。あそこで逃げたまんまだったら、今ごろ沖縄で普通に働いているかもしれない。

その説得時は「お前の将来どうすんの？」という話をした。あの子は頭が良くて沖縄の石川高校ではオール5の成績だった。だけど「野球で飯を食べたい」と網走に来たはず。だから「それで本当にいいのか？」と説得した。

もともとは日本ハムに行きたいって言っていたので、「ウチはパイプがあって、同じ北海道の大学の方が行きやすいんだぞ。近道だぞ」なんて言って誘った（笑）

井口にもらったキャンプ時の帽子とかを彼にあげたりね。

でも途中から「西武に行きたい」と言い始めた。なんでも沖縄で行ったコンサート会場のトイレでバッタリ山川穂高と会って「お前イイ体してるな。野球でもしてるの？」と聞かれたらしい。「やってます！」と答えたら「野球頑張れよ」とも声かけてもらって、そこからすっかり「西武に」なんて言うように（笑）
そしたら実際5位で指名されて、起用を見ていると素質を買われているようで楽しみだ。

やっぱり彼のパンチ力溢れる打撃は凄い。良い意味で日本人の打球じゃないところがある。打撃の良い選手がたくさんいるからお手本ばかりだし、一方で年齢層は上がっているからチャンスは大いにあるはずだ。ホームランを打った後に、急にメンバー外れたことがあって、「なんかやらかしたのか？」と心配になって担当スカウトに思わず電話をかけてしまった。

聞いたら脱水症状で倒れたらしい。不思議と沖縄の子は脱水症状になる選手が多い。沖縄がもともと暑いからこそ「自分は大丈夫だ」と思ってしまうのかもしれない。

何はともあれブランドンも楽しみだ。

ちょっと顔が良すぎるから余計なトラブルには気をつけてもらいたい（笑）。

｜OBの証言｜

徳元敏

（沖縄水産→東農大生物産業学部→オリックス→楽天）

あんな人、なかなかいない

僕がプロ野球選手になれたのも、こうして今があるのも樋越さんのおかげです。これは絶対に間違いないです。

初めて出会ったのはセレクションの時です。樋越さんと日本学園で監督・コーチの間柄だった沖縄水産の宜保コーチから東農大生物産業学部（現東農大北海道オホーツクキャンパス）を勧められました。「元気のある奴が欲しい」という樋越さんの意向を受けて、ヤンチャ坊主の僕の名前が挙がったようです。

高校最後の夏は背番号11。投手としては4番手くらいで基本的には控えの外野手。そんなに目立つ選手ではありませんでした。ですが樋越さんは投手で使いたいということでしたし、セレクションの時にすごい快投をしたんです。それで入学が決まりました。

高校時代からヤンチャ……寮に入っていたので、そこまではしていませんでしたよ。え、樋越さんはヤンキーと言ってる？ そんなこと言ってるんですか…（笑）。沖縄の成人式を見てもらうと分かるように、ああいう髪型にもしたりするじゃないですか。そういうことに尾ひれがついた話ですよ（笑）。

沖縄からオホーツクに行くことは、真逆の気候なので抵抗が無かったかといえば嘘になります。でも野球を続けることがまずは大事だったので、そこは腹括って行きました。

九州や関東の大学にもセレクションに行きましたが、樋越さんの存在が一番大きかったですね。

「親父（樋越さん）は見ていてくれている」

そう思いました。

沖縄水産では裁監督にそんなに目をかけてもらえる選手ではなかったので、嬉しかったですね。意気に感じました。

入学してからも卒業してからも可愛がってもらっています。

サイドスローは高校の時からですが、人と違って生まれつき右手親指が曲がっているので、スライダーを教えてもらうとそれが武器になりました。

試合も1年生の春からすぐ使ってもらいました。キャンプの最初はBチーム(二軍)だったのですが、途中からAチーム（一軍）に上がるとオープン戦でも結果を残せて、公式戦にも投げるようになりました。

「嘘だろ！」とびっくりしたのは大学選手権の時です。僕が1年生の時に初出場したのですが、その初戦は上原浩治のいた大阪体育大。その時にエースが序盤でノックアウトされたんです。2番手は後にオリックスへ行く栗山さん（2学年上先輩）が登板する予定になっていたのですが、5球くらいしかキャッチボールをしていない僕を樋越さんは審判に告げまして。全然用意できていない状況でマウンドに上がることになりました。

でも、そうしたら6回を無失点に抑えちゃって。チームは追いつけずに負けたんですけど、大きな経験をさせてもらいました。無我夢中で嬉しくて、それが結果に繋がったのでしょう。

でも、栗山さんは出番がなくなってしまったので面白くない。寮で同じ部屋だったので、その後はいろいろトラブルめいたこともありましたよ（笑）。

印象に残っている選手として名前を挙げてくださったのはありがたいですけど、福川も同じくらい印象に残っているはずですよ。悪いのはあいつです（笑）。

しょっちゅう2人で喧嘩していたというか……成人しているので飲みに行ったりすると、僕らみたいなよそ者が嫌いな人たちがいるわけですよ。そういう人たちに寮へ乗り込んでこられるのが嫌だったので、その場で〝落とし前〟をつけていただけです。大人の対応をしていたんです（笑）。

一度、喧嘩が大きくこじれたことがあったのですが、その時は僕らも手は出しませんでしたが、向こうに殴られました。樋越さんも事情や性格を分かっていて、僕と福川はメンバーを1週間くらい外されました。

その後、「うちのレギュラーを相手に投げて抑えたら戻してもらえる」ということで、パーフェクトに抑えました。ウチの打者に打たれるわけないじゃないですか。そのくらいの気持ちでやっていましたよ（笑）。

「絶対的なエース（徳元）と4番（福川）だった」と言ってくれてるんですか？　ありがたいですね。本当に。

「酒を飲んだ分、練習する男だった」というのは違いますよ。酒を抜くために走っていたんです（笑）。

「飲みすぎたな」という翌朝には水を1リットル一気飲みして、ウインドブレーカーを着て走って、汗で酒を流していたんです。

でも、練習は死ぬほどやりましたよ。誰にも負けたくないので。

福川はそんなに走らなかったですけど、賢いんですよ。捕手なので器用にやっていましたね。

樋越さんは基本的には厳しい方でもあるんですが、本当にお父さんのような存在なので今も〝親父〟と呼ばせてもらっていますし、感謝しきれないくらい感謝している方です。

プロでもいろんな監督を観てきたのですが、一番温かみのある監督でした。もちろんプロの監督と学生の監督では役割も違うかとは思いますが、卒業してからも一番に僕らのことを心配してくださっていました。

技術指導についても樋越さんの中での理論は持っているんですが、コーチに「こういう風にしてくれ」と言って、選手たちにはあまり直接言わないタイプですね。あの年代の監督の方にはなかなかいない、ワーワーと出てくるタイプの監督ではないです。だから僕もそれが中学生を（東練馬シニアの監督として）教えることに生きています。コーチ陣に「こういう選手になって欲しい」という期待や理想を伝えて、あとは任せています。そうしないとコーチの仕事が無くなっちゃいますからね。料理に例えるならコーチが素材を揃えて、味付けをするのが監督である僕というイメージです。樋越さんもそうでしたから。

任せるって難しいこともあるのですが、信頼関係があってやっているので、そこの文句は言えないし、言わないですよね。

でも可愛がってもらったことしか覚えていませんね。当時は時代も時代ですからぶん殴られたこともありましたけど、怒られたのはほとんど野球以外のことですね。「しっかりせえ」と。

僕のようなヤンチャ坊主をよく育ててもらいました。頭が上がらないですね。

2年生の時、なぜか干されたことがありました。樋越さんからすると「浮かれている」ということだったんでしょうけど、僕としてはそんなつもりは一切なかった。まあ後に聞くと「栗山が4年で大事な年だから下がってろ」みたいなことだったみたいですね（笑）。

でも、2年生の時に黙々と練習をやったからこそ、3年になったら僕がたくさん投げる機会をいただいて大学選手権のベスト8に行けました。全国区になれたのもその時に亜細亜大を相手に好投したからです。

そういう育て方もするんですよね。意地悪ってわけじゃなく、あえてそう言っていましたけど「休養させたい」という親心もあったんじゃないですかね。

沖縄から網走ということもありましたし、寒さはもう無理ですよ。「もう1度あの4年間を」と言われても絶対に嫌です（笑）。

雪かきもキツかったけど、外に灯油を取りに行くのが嫌でしたね。それがもう億劫でね。夜中に寮の部屋のストーブがピーピーと鳴ると、下級生が灯油を補充しに行かないといけないんです。僕が上級生になった時は「夜中に切れたら困るから今のうちに入れてこい」と言っていましたね。結局、寒い外に行くことに変わりはないんですけど、夜中に行くよりはマシなので。

プロ野球への輩出はもう16人にもなるんですか。やっぱり樋越さんの力ですよね。地方の名門をゼロから作りましたよね。

何にもない場所だったけど食べ物は美味しかったなあ。夏は行きたんだけど冬は行きたくない（笑）。

オフは月曜でしたけど、授業はあるし、グラウンドの整備は毎日あったので。タンポポが生えているだけでも食堂に集められて殴られました。だからタンポポは今見ても怖いですよ（笑）。練習中に見つけたら、わざとそこにスライディングして生えてないことにしていました。

最初に入ったオリックスでは、仰木彬監督が樋越さんを可愛がっていたので、僕も可愛がってもらいました。酒も強かったので。ルーキーの時に遅刻して「俺が死ぬまで坊主な」と言われて、それで僕はずっと坊主頭なんですよ。ある時なんか「髪伸びてきたな。神戸着いたら、散髪行くから付いてこい」と言われて一緒に行ったこともありましたね。僕は坊主にするだけだけど、あの人はパンチパーマなので僕は2時間くらい待たされました（笑）。

もう定着したのもありましたし、今でも僕は坊主頭ですね。

栗山さんとかの繋がりもあったんでしょうけど、仰木さんのもとへはよく行っていましたね。

樋越さんはとにかく足を使う人なんですよ。それが選手のリクルーティングにも繋がっているし、それを怠らなかったのが強さの要因だと思います。

その後、楽天が参入した時の分配ドラフトでオリックスから楽天に移りました。楽天退団後は沖縄電力で2年やり引退することになりましたが、1年ごとの更新で契約社員だったので、次の仕事を探しました。

その時に樋越さんの紹介で、四分一さんから「ウチの会社で働きながら野球を中学生に教えないか」とお誘いをいただきました。

「プロだったプライドを捨てられるか？」と聞かれて「僕はプロのプライドは社会人で泥まみれになったので、もうありません」と答えましたね。

今も「親父（樋越さん）に何かあったらいつでも俺が行きます」という気持ちでいますよ。

怖いし優しいし説得力もあるし、たまに嘘くさいけど「こうなる気がするんだよ」

って言う時に限って、本当にそれを実現させたりね。僕らはよくそれを「樋越マジック」と呼んでいました。

オホーツクのチームをあそこまでにしたのは本当に大変な労力を使いましたよね。敵を作ってでも僕らを守ってくれることもありました。

なかなかこんな人いませんよ。

第五章

育成術を支えるもの

第四章で選手それぞれの秘話や育成術を明かしたが、最後の章ではそれらを何が支えてくれているのかを紹介したい。

ひとえに育成と言っても、私一人で全てを変えられるわけでもなく、人材・環境・方法論などあらゆるものが必要だ。

私の教科書

30年を超える指導者生活では変えたこともあれば、変わらないこともある。第二章でも書いたが、変えたことはスパルタ指導をやめたことだ。押しつけの野球に限界を感じたからだ。選手たちが練習や指示の意味を理解し、考えないと期待する成長は見込めない。

一方で、変わらないことは「人を育てる」ということだ。人間力が上がれば自ずと技術も高くなっていく。人格が形成されなければ上手くはならない。私のミーティングは技術がどうとかよりも、お坊さんの説教のような話が多い。それは北海道にいた時も、世田谷に来てからも変わらない。1日30分ミーティングは、オフシーズンは毎日やる。野球の話をすることもあるが「人間は何を求められているのか」「しっかりとした人格を形成しないといけない」といった話が多い。

ヒントになりそうな本もたくさん読む。本屋に入って、そこで目についたものを手に取るようにしている。野球ではなくビジネス、政治、思想といった類の本を読み、それを自分なりに理解した上で選手たちに伝える。どんな材料であれば、彼らの成長に繋がるかを常に考えている。

オホーツク時代、主に就職のことを担当するキャリアセンターに20年間在籍した。そこでは1日40人から50人を面接する。いろんな学生の話を聞き、私からも何かを伝えるために当時から本はよく読んでいた。

キャリアセンターでの経験は野球部の指導においても、大いに幅を広げてくれた。時代を経るごとに変わる学生の気質を把握できたからだ。

選手の育て方

私は〝えこひいき〟が好きだ。必要なことだと思っている。「大切に育てなければいけない選手」もいれば、玉井のように「どんどん使っていった方がいい選手」もいる。例えばリーグ戦後半に向けて大事に使わなければいけない選手もいれば、開幕からガンガン投げて貰わないといけない選手もいる。でも、そうやって使っているうちにだんだん良くなって、そのままチャンスを掴んでいく選手もいる。

昔はエリートの選手しか使ってもらえないという事例は多かったが、私はそれをしない。起用や出場機会に不公平はあったとしても、結果さえ残せば、しっかりと試合で使ってきた。

一方で、えこひいきや不公平、不条理は世の中にはある。一人も味方がいないような状況に追い込まれることだってある。そんなことで文句言っていたらダメ。

野球も傷の舐め合いをしていてはダメなんだ。プレーをカバーするのは大事だが、言い訳をしあっていたらチームは強くならない。今、世田谷のチームはまだ言い訳が多い。言い訳が、成長を邪魔している。

この原点は私の学生時代にもあるだろう。球拾いばかりだったし、一生懸命やっても認められなかった。それでも合宿所の横のティーバッティング場で、どんなことがあった日でも、そこで500本打ってから寝るようにしていた。ノックに入れてもらえないから、体育倉庫の壁で壁当てもしていた。ライトはわずかで薄暗い中なので、倉庫の中にあった石灰をボールにつけて、それこそ何百球も投げて、捕ってを繰り返した。

先輩には「お前なんかいくらやったって上手くならねえよ」と馬鹿にされていた。だけど、2年の時にたまたま守備要員でベンチに入れてもらい、運良く打席が回ってきた。そこで思いきってバットを振ったら、ネットの最上部に当たるような特大ホームランを打てた。

「努力すれば、ホームランも打てるようになるんだ」

それが、私の原点。今でも忘れない。

努力は認めてもらえなくても、やると決めたことをやり続けた。周りをエリートの選手に囲まれながら一般受験を通って入ってきた私には、そうやって生き残った自負がある。うちの子供たちには「言い訳をするな」「へこたれるな」と常に言っている。そういう面では網走の子の方が覚悟決めて来ているから言い訳はしないし、へこたれない。

一方で、私が学生時代に壁当てをしていた時に、近くで同じ音がするので見てみると、甲子園にも出ていて、チームでもレギュラーだった同い年の福地日出雄（東農大前監督）が私と同じく壁当てをしていた。才能ある選手がこれだけやるんだから、そういう選手は本物のエリートだろう。彼は大学卒業後に社会人野球に進み、そこでも活躍した。

そんな差を痛いほど痛感した学生時代だったが、諦めず最後まで続けられたのは、やはり母の存在があったからだ。プロ野球選手になれるような才能は無かったが、私が幼い頃に親父が亡くなり、女手ひとつで育ててくれた恩返しをしたかった。

親父は野球がとても好きで、私も野球をやらせてもらっているからには、大学でもユニフォームを着ているところを1回でも見せてあげたい。その一心だった。

母の教え

東京・巣鴨で生まれたお嬢さん育ちだった母だが、戦争により一家が離散してしまった。終戦し、動乱が収まった時に父と知り合い結婚。私を産んでくれた。だが私が5歳の時に親父が亡くなった。以降、母は自分と姉を育てるためになりふり構わず仕事をしていた。母の夢は女学校を出て教員になることだったが教員にはなれなかった。それだけに母の夢は姉と自分が教育者になることだった。姉は幼稚園の教員になり、自分も社会人を経て教育者として高校に戻ることができたので、母は嬉しかったと思う。

苦労は絶えなかったと思う。貧乏だった。それにもかかわらず、お金のかかる野球を私にやらせてくれた。また、姉も自分も私立の高校・大学を出してもらった。

私はやんちゃだけど運動神経は良かったので、プロ野球選手になってほしいと少し期待していたそうだ。

母は、好きな野球も思いっきりやらせてくれた。怒る時はめちゃくちゃ怒ったけど無理してでもやらせてくれるときはやらせてくれた。

私が中学生の時だ。母が中学校の校長室に呼ばれて「あんたのところの息子はまったく……」と注意されたことがあった。母は「すみません」と頭を下げて、ふと校長室から外を見た。すると野球の練習に励む私の姿があった。

その時に、母は「素行が悪いのはちゃんと注意するから、好きなことは思いきりやらせてあげてください」と校長に言ったそうだ。すると校長が「お母さんがそこまで言うんだったら、お母さんの責任の下でしっかりお願いしますよ」と答えたという。

この寛容さは、私の指導にも繋がっていると思う。

力不足でプロ野球選手にはなれなかったが、指導者として全国大会へ何度も行き、何人もの選手をプロ野球界へ送り出した。2014年には全国大会でベスト4になって、翌年には私の息子・優一が曲がりなりにもプロのユニフォームを着たことは、母にとって本望だったと思う。

優一がドラフト指名された翌年の春に母は亡くなってしまうのだが、それも劇的だった。

春季リーグを優勝して全日本大学野球選手権に出場したのだが初戦で東北福祉大に0対5と敗戦。東京ドームでの試合が終わった後に、母は「近いから巣鴨に行きたい。連れて行って」と言った。

姉と義兄に車に乗せてもらった私は母とともに巣鴨に行き、「自分の実家はこの辺にあったんだよ」「小学校のころ、ここらへんで遊んだんだよ」「ここのお寺でよく鬼ごっこをしたんだよ」と懐かしそうに幼少期を振り返っていた。その時に桜の木も触って、「私が小さい頃はこの桜の木も小さかったんだ」と言った。多分、あの桜の木を触った時にはもう最期を悟っていたのだろう。その帰りに誤嚥性の肺炎になってしまった。

母が倒れた連絡を受けたのは宿舎に帰ってミーティングをしていた時だ。すぐに病院に行き、お医者さんから「今日一日もつかどうかだ」と言われた。だから一晩中、母の顔を見ていた。朝方ウトウトしていたら呼吸が正常ではなくなって6時30分に、看護師さんが来て「もう危篤状態だから全員呼んでください」と言われた。その後、母は亡くなった。

母がすごいのは、斎場も何もかもすべて用意していたことだ。斎場に連絡してみると「次の日は空いています。そこから3日間空いています」と言われたので、私が東京にいる間に葬儀を行うことにした。

「母が全部決めていたんじゃないのか？」とさえ思うほどのタイミングだった。私が全日本大学野球選手権に出ていなければ、初戦の会場が東京ドームでなければ、一緒に巣鴨に行くことも無かっただろう。そして葬儀と告別式は、私が網走に戻らなくてはいけない日までにすべて終わった。

自分の人生のけじめ。絶対に迷惑はかけないという気持ちが伝わった。葬儀は「質素にやってくれ」と20人入るかどうかの一番小さい斎場を母は希望していた。斎場の人も「ただの90代の婆さんが死んだ」くらいに思っていたのか、「これでいいんじゃないですか？」と聞いてきたけど、「お金はいくらかかってもいいから」と一番広い会場に変更してもらった。それでも斎場の人は「ここに300基くらいの花を置かないと格好がつかない。せめて200基。大丈夫ですか？」と聞いてきたが、「花なんてどうでもいいんだ。恥をかかないようにやってくれ」と答えた。

当日になってみれば私と懇意の野球関係者からたくさんの花が届いた。ソフトバンク球団の王貞治会長などから多くの花が届いて斎場の人が「あのおばあさんはどんな人なんですか？」と驚いたようだ。しかも、出棺のお経を読んでいる時には、優一がソフトバンクですごく可愛がってもらっていた内川聖一（現・ヤクルト）からも花が届いて、みんな驚いていた。

父が亡くなった後は私と姉と母が4畳半に川の字で寝るなど貧乏のどん底という苦労もしたけれど、最後は幸せだったんじゃないかと思う。私としては、ここまでよく育ててくれたと感謝してもしきれない。

「見て見ぬふりも大切」

選手たちは娯楽の少ない網走での野球に打ち込む生活を4年間するわけだが、だんだんとその中でも楽しみ方を分かってくる。冬であればワカサギ釣り、またある者は目を盗んでスノーボードをやっている者もいた。こちらもそれは承知の上で「ケガだけはしてくれるなよ」というスタンスでいた。

なんでもかんでも目くじらを立ててはいけない。時には「見て見ないふりをしてあげる」ことも大切だ。なんでもかんでも規制をかけてしまうのはよくない。

「樋越勉＝スパルタ」だとよく誤解されるが、そうではない。自分の元で育った人は「本当はそうではない」とみんな言うと思う。見て見ないふりをできる余裕は作ってあげているつもりだ。全部を追い詰めると良い結果は出ない。どこか逃がしてあげるところを作ってあげないといけない。

卒業した後にOBが「監督さん実はあの時……」なんてよく言うのだが、「それもこれも知っていたよ」と言うと「知っていたんですか？」と驚かれる。「それはそれでお前たちの楽しみだし、お前たちの息抜きでもあるから」と言う。

今の時代はなんでも規制やコンプライアンスという言葉を使っているが、それが手段ではなく目的になって、間違った方向に世の中が進んでいる気がする。一人ひとりの子供が力を伸ばし育んでいくためには怒るだけではなく、自由も必要だ。

もちろん、この場合の自由とは「好き勝手にやっていい」ということではない。ある程度の自分たちの規制・ルールを守った上でやらなければいけない。その中でいかに楽しむかで人間の想像力は豊かになっていくはずだ。

昔は悪ガキが好き勝手に遊んでいた。花瓶を割ってしまって、近所の怖いオヤジさんに怒られてよく謝りに行っていた。そんな経験をしていくうちに、大人になると何がダメだったか気付けるようになるのだ。

それが今は、「危険だからやってはいけない。責任を取れないからやってはいけない」と、なんでもかんでも最初から「ダメ」と言われてしまう。このような状況では何も育たない。そのくせ注意しないといけないところで注意もせずに、見て見ないふりをする大人が多すぎる。だから変な事件が起きるのではないか。

大人が責任をもっと持つべきだ。その中で子供たちを自由に寛容に育てる必要がある。

人の心の動かし方

人を動かすには、誠意を見せることが一番大切だ。私は口先だけでなくて、本気で「この選手にはこうなって欲しい」「俺と頑張ろう」と伝える。プロに行けると思った選手には「ウチで鍛えてプロになろう」とハッキリ言う。

子供はそんなに大学野球のことも知らなければ、私のこともオホーツクの野球部のことも知らない。だからこそ親には「4年後、ウチに預けて良かったと思ってもらえるように育て上げますから」と熱意を伝える。遠い北海道・網走まで来てくれるからには親の理解も欠かせない。私の場合は親にも熱心に話した結果、親が選手を「この監督について行きなさい」と説得してくれることが多かった。

「卒業と就職は面倒を見ます。でもその間の大変なことは息子さんが乗り越えてくれたら」というのはよく伝えること。

網走の時は大学選手権出場を決めると、ベンチ外の部員も全員を東京へ連れて来て、人事部長に直接面接に行かせていたりもしていた。そこでもう内定が決まる選手も多かった。

また親御さんも勧誘時は「そんな遠くに……」と断られることは多いが、そう言っていた親御さんに限って春季リーグの大事な試合を観に来てくれたり、4年間で8回も網走まで足を運んでくれたり、中には「北海道中を4年間で回りましたよ」という方までいる(笑)。親の力は偉大である。

網走ドーム

あらためてになるが、多くのプロ野球選手をオホーツクから生み出せたのには様々な要因がある。

技術的な面で言うと長い冬の中で、基礎練習を相当やり込める。冬の間に雪ででることが限られているからこそ、細かい技術練習を徹底してやれる。
これには『網走ドーム』の建設も抜きには語れない。

1997年春に全国8強入りを果たすと、現在の冬場の練習場所となる屋内施設の網走ドームが建設された。

当時の市長が「何に困っていますか?」と聞くので、「冬の間にノックができないことです」と答えると、作ってくれた。室内練習場というとまるでオホーツク野球部のためだけのようだから、室内多目的競技場ということで建設された。

私の同級生がミズノにいたので、作れるか? と聞いたら作れると言うので、作ってもらった。天井は東京ドームと同じものを使っている。

だから気圧で屋根を押し上げているのだが、いっぺんに開いて空気を出し入れすると萎んでしまう。一度、選手が入って来ているタイミングでマネージャーが倉庫を開けてしまい大変なことになったこともあった(笑)。

失敗は冬のことしか設計で考えていなかったこと。窓は圧が下がるので付けられない。なのにボイラーしか付けずにクーラーを忘れたもんだから、夏は40℃くらいになってしまう（笑）。

「選手権の神宮はこれくらい暑いんだから、神宮では戦えないぞ！」と今は開き直っている。

また、計画当初は90メートルくらいの大きさで作るはずで予算が10億ついていた。そしたら、その〝10億〟に噛み付く奴がいて、予算が6億に削減されて予定していた大きさにならなくなってしまった。

あれが10億付いていたら、雨でも練習できて、いろんなスポーツのキャンプを誘致できたのに、と今でも悔やんでいる。

しかし、『網走ドーム』が野球部の強化に欠かせないものであるのは間違いない。言うまでもなく、冬に練習にしっかり打ち込めるようになったからだ。

冬場はそこでトレーニングや、バントだけでの紅白戦（バスターまではＯＫ）でバント技術やサインプレーを叩き込んだ。できないことを嘆くのではなく、できることを突き詰めた。

そして冬場の寮から学校およびグラウンドまでの道のりを7キロ走ることも、心身の鍛錬に欠かせないものだと考える。寒い時期で氷点下20℃にもなる環境の中、白い息を吐きながらひたすら走る。顔は凍てつくような感覚にもなるだろう。

近年では「走り込みの是非」が問われている。最近の科学的な理論もそうであるし、著名なプロ野球選手や元選手も疑問を呈していることはある。当然、その流れは学生たちにもあり「長距離走ることに何の意味があるんですか？」という風潮がある。

ただ私としては必要だと考える。いろんなことを言う人がいるが、何をやるにも体力をつけることが必要だ。野球の技術上達には欠かせない反復練習をするための、心身両面での耐久力はこの走り込みによって作られる。

もちろん闇雲に走ればいいというわけではない。ペチャクチャ喋りながら走っていてはダメだ。徒党を組んで愚痴を言い合うのではなく、個々でこの辛さをどのように乗り越えるのか、楽しい思考に持っていけるかが大事。運動生理学などで言えば「長距離はいらない」という話なのかもしれない。5キロも10キロも要らないとは思うが、ウチの練習では他にも12分間走で3000メートル以上走るという練習がある。9回を戦う体力もそうだし、精神力も必要だ。そのためには必要なことであると思う。

多くの選手をプロに送り込めたのは、そもそも「プロに行ける」素材を集められたことも大きい。「見極められた」というほうが正しいかもしれない。

プロ野球選手になるには、やはりそれ相応の素材が無くてはいけない。息子の優一にしろ「親の七光り」だなんて言われたこともあったが、結果を残したからこそ育成選手とはいえソフトバンクに拾ってもらえた。

素材の見極め方、見出し方という点では花屋での〝目利き〟の経験も大いに生きている。

花というものは、もともと綺麗なものだ。その中でも「安くても綺麗に見えるもの」

がブームになったりする。それと一緒ではないか。同じ赤いバラでも様々な光沢があるのだが「咲いた時にどうなるのだろう」と想像することが大切だ。選手たちと同じで、価値（注目）が低く見られている素材を高く売れるようにすることが私の腕の見せどころだ。

プロ野球に進んだ16人の選手たちの中で、大学入学時点で実力と実績を兼ね備えていたのは小斉くらいではないか。彼にしたって、ＰＬ学園の部内の不祥事によって最後の夏を奪われるという経験をしている。でも、三垣らＰＬ学園出身者の飛躍もあって彼もウチに来てくれた。

最初の栗山から最近の中村やブランドンも、そこまで有名な選手ではなかった。現在指揮を執る世田谷キャンパスでも２０２２年くらいからはプロを輩出できるのではないかと思っている。そう期待を抱かせてくれる選手が何人かいる。彼らを鍛えて、夢を掴ませてあげたい。

また、三垣に託したオホーツクも素材集めが大切だろう。今の４年生までが私が獲得した選手たち。３年生以下にも私が紹介した選手はいるが、多くは彼が発掘し育てた選手たちだ。いかにして育成するか。三垣イズムが出てくれば、チーム作りも進んで行くだろう。来年の春あたりが大切になるはずだ。

いつかはウチ（世田谷キャンパス）とオホーツク、（系列校の）東京情報大で同時に全国大会に出ることが当面の目標だ。まだウチのチームは東都大学野球の2部リーグなので、まずは早く挑戦権を得られる1部に上がりたい。

「網走から日本一を目指せるものを作る」ということができた自負はある。街の人もすごく協力してくれる人がたくさんいて、その数は30年間でとてつもなく増えたと思う。

残念なのは、「日本一」が達成できなかったことだ。それは三垣に託してきた。

五つの誓い　達成の予感

私は『五つの誓い』を立て、野球部という組織を作り上げていった。もう一度振り返るが、この五箇条だ。

一、2部リーグを優勝し1部に昇格する

1991年春に達成し、以降は1部で戦い続けている。

二、部員を100名集める

90年代半ば頃から部員は100人を超える。現在はやや絞り2021年度は98名で活動している。

三、1部リーグで優勝し全国大会に出る

リーグ戦は1994年秋の初優勝以降、リーグ最多の31回優勝、全国大会初出場は1995年春で以降は春秋合わせて19回の出場もリーグ最多。

四、プロ野球選手を輩出する

１９９６年ドラフト5位の栗山聡から始まり、日本のプロ野球界（ＮＰＢ）へ２０２０年までに16人を輩出。地方大学では東北福祉大に続く数字であり、２０１９年には周東佑京（ソフトバンク）が野球日本代表（侍ジャパン）入り。プレミア12の優勝に「足のスペシャリスト」として貢献。

五、全国制覇

過去最高成績は２０１４年秋と２０１９年春のベスト４だ。

しかし最後のこの誓いが達成できると予感できた出来事がある。それは２０１４年秋の明治神宮大会でベスト４に入った時だ。

「こう戦えば、こういう組織を作れば、こんな選手を集め育てれば優勝に手が届くのではないか」

なんとなくだが、掴み始めていた。まだ一つだけ叶っていない「全国制覇」も、もう間近に迫ってきているのではないかと考えている。

我々の後にも札幌学生野球連盟の東海大学北海道キャンパスが2017年の春に東都大学野球の強豪・東洋大などを破って4強入りし、その年の秋には同じく札幌学生野球連盟の星槎道都大が準優勝を果たした。

また、私の後を三垣が率いた2019年にも4強入り。また2020年のドラフト会議では同連盟の苫小牧駒沢大（現北洋大）の伊藤大海投手が日本ハムからドラフト1位指名を受けてプロ入り。さらにルーキーイヤーから活躍し東京五輪を戦う野球日本代表にも選出された。

北海道の学生野球全体が飛躍的なレベルアップを果たしていると言っても、過言ではない。「北海道だから」「寒さが厳しく、雪が多いから」といった否定や言い訳を語る人はもう少なくなった。

当然その分、全国大会出場への壁は高くなるが、そこで揉まれたチームは、全国大会でも臆することなく戦えることだろう。

三垣にその成就は託したが、いつの日か果たして欲しいと願っている。

アカデミー構想

五つの誓いには入っていないが、もうひとつの心残りは、アカデミー構想を実現できなかったことだ。

ある時私は、指導者としての領域をさらに広げようと「野球」というものについて、あらゆる視点から考えてみた。そこで思い立ったのが、少子高齢化が進む地方の子供たちに対する野球教育および野球選手の育成である。

現在の日本には都心に人が集まり、地方の人口が減少するという傾向がある。北海道では札幌に人口が集中し、その周りの市や町ではどんどん人口の減少傾向が顕著になって表れ、衰退してきていた。

オホーツクの野球部がある網走市も同様の状況にあり、そこで私は「一つの新しい方向性を見出せないか？」と投げかけた。

「地方の少年野球や高校野球がどんどん衰退していくことにより、大学野球も同様に衰退してしまう」という危機感を感じていたからだ。だからその解決策の一つとして、網走市内で『ベースボールアカデミー構想』を考えてみた。

幼児期より野球を身近に親しみ、楽しみを感じるようなシステムで人間形成をする。実際に私が考えたこの構想は、保育園・幼稚園から野球になじませ、野球の楽しみを教える。

野球はできた時の快感はどの競技にも勝るように私は思うが、例えば幼児教育の中のスポーツに野球を取り入れるとすると、打撃一つをとっても、動いている小さなボールに対して細いバットの面で打たなければならない。

今、子供たちに野球の楽しさを知らせる為に、ティーボールゲーム（※）が盛んにされているが、それをさらに発展させ、小学校、中学校を網走市で学び、将来は甲子園に出たいと思うような子供たちを増やし、甲子園出場を目指す高校をこの網走市に作りたいと思っていた。


そのような構想を持ち、当時の網走市長に何度も相談をしに行っていた。市長は私の構想に賛成し推進の意向を示してくれた。だが、周りの反対が多く3年の月日を費やしながら、結局この構想が叶うことは無かった。

※本塁プレートの後方に置いたバッティングティーにボールを乗せ、その止まったボールを打者が打つ野球やソフトボールに極めて類似したゲーム。

なぜか？

それは行政の縦割りというか、事なかれ主義というか……。なにか新しい事を始めようとする時に、手間がかかる、困難な事がたくさんあると、行政はそれを後回しにするように感じた。

これでは、新しい発想も発展も無く、ますます地方は衰退の一途なのだ。子供たちの教育に対しても同様な考え方が多いので、何ひとつ地方は発展する事が無い。地方で生き残るには、やはりその発想が大胆であったり、前向きな姿勢が求められる。

「事なかれ」「何かやった時に責任を取りたくない、何かした時に面倒な事からは逃れたい」といった気持ちが作用すれば、大抵そこからは何も生まれないし、進まないのだ。

野球をするには、経済的な要因がとても大きく関わる。「特待生制度を使われなければ、進学ができない」という家庭も多い。これは、所得の低下もある昨今では仕方がない事かもしれないが、野球の素質があり、野球をやりたいと思う子供たちが、経済的理由で野球ができないことが多々ある。

「アカデミー構想」の狙いのひとつは、そういう子供たちの経済的応援をその親たちの労働力を担保することで発展させることでもあった。野球をやりたい子供の家族の生活を守るのだ。

ここで、簡単にアカデミー構想の概略を説明してみるが、私としてはそれほど難しいことではないと感じている。

要するに子供たちに野球をやらせたいと考える親たちの希望を叶えるために中・高一貫した教育と野球をできる場を提供する。さらに、その親たちにも網走市に移住してもらい、ここで就業し生活をするのである。

網走は幸い、農業・漁業の一次産業が盛んな地域である。しかし、その担い手や労働力が低下し、徐々に離農、離漁が増えつつあり、その産業は衰退してきている。

そこで、その親たちにその労働力となってもらうことで、人口の衰退、産業の衰退を食い止める。子供たちには、勉強そして野球に打ち込める環境を整備するという考え方だ。

口で言うほど簡単ではないのはわかっているが、決してできない構想でないと考えていた。しかし、私が市に相談に行った時には、「これはできない」「これは規則に当てはまらない」「これが問題である」という問題の提起ばかり。

こうした否定からの始まりでは何も発展的な話し合いにはならない。やろうとしている目標や計画を成功させるために、どうするかをまずは考えるべきだろう。

至らない点ばかり指摘し、至らない点を強調して、やらないで済むような話し合いにもっていくのである。地方の行政にありがちな姿勢で、何ひとつ建設的な行政改革はできないのだと感じた。

この構図は、衰退を意味するもので、何か計画したことをダメと否定から入るのではなく、推進するために、どのような方法でどのようにすれば成功に導けるのかを考える事が重要だ。

野球のチーム作りでも同様で、できないではなく、できるために必要な事を考える姿勢、練習方法、工夫があるかで大きく違う。その組織やチームの発展があって初めて、作戦のバリエーションやチーム力の向上につながっていくのである。何事もそうであるが、やる前からダメの考え方では、何も生まれないのである。

今は世田谷キャンパスの監督となり、所属する東都大学野球連盟でそれをやろうと思っている。副理事長を務めさせてもらっているので、その土台を作りたい。日本の学生スポーツも変革期だが、その中で野球が「スポンサーを付けてはならない」など、もっとも遅れている。このまま学校の支えだけでは持たないし、スポンサードを受けないといけないことも出てくるだろう。

詳細はまだ今、進めているところだが、どんな子供も自由に野球をできて、プロを目指せるようになってほしいと思う。今の日本では野球場も足りなければ、キャッチボールをしたり、バットを振ることさえできない公園も多い。昔は路地に入ればホウキとゴムボールで野球をしていたのに、今はそんな子供がいない。

東京都内の公園はキャッチボールやバットを振ることは禁止されている。もっとひどいところはサッカーボールも使ってはいけない。遊具もケガをすると良くないからと外されている。

「じゃあ公園ってなんなのだろう？」という話だ。

子供が安全に夢を持って野球、スポーツ、運動ができる施設や場所。こうしたものを大人が提供できるようにならないといけない。

NPB通算成績(2020年終了時点)
8年／56試合 1勝4敗0S 80回2/3 奪三振54 防御率6.25
9年/148試合 6勝15敗2S5H 262回2/3 奪三振128 防御率4.93
11年／305試合 136安打 打率.212 本塁打19 打点86 盗塁2
一軍公式戦出場なし
一軍公式戦出場なし
5年／92試合 26安打 打率.183 本塁打0 打点9 盗塁8
10年／165試合 66安打 打率.209 本塁打7 打点32 盗塁2
8年／105試合 5勝6敗0S10H 173回2/3 奪三振169 防御率3.89
6年／88試合 2勝4敗0S5H 105回2/3 奪三振102 防御率5.79
4年／178試合 9勝12敗1S35H 176回 奪三振115 防御率3.22
5年／146試合 3勝3敗2S20H 155回2/3 奪三振105 防御率3.53
一軍公式戦出場なし
3年／205試合 103安打 打率.252 本塁打2 打点33 盗塁75
一軍公式戦出場なし
2021年新入団選手
2021年新入団選手

東農大オホーツク出身のNPB選手(2021年現在)

選手名	卒業年度	卒業後の経歴
栗山聡	1996年度	オリックス(96年5位)ー中日(02)ー オリックス(04)-松下電器
徳元敏	1998年度	オリックス(98年5位)ー楽天(05〜07)ー 沖縄電力
福川将和	1998年度	三菱自動車岡崎(99)ー ヤクルト(01年5位〜12)
板倉康弘	2001年度	オリックス(01年12巡〜03)
小森孝憲	2002年度	ヤクルト(02年9巡〜05)
稲嶺誉	2002年度	ダイエー・ソフトバンク(02年8巡〜07)
小斉祐輔	2005年度	ソフトバンク(05年育1巡)ー 楽天(12〜15)
飯田優也	2012年度	ソフトバンク(12年育3位)ー阪神(18)ー オリックス(20〜)
風張蓮	2014年度	ヤクルト(14年2位)ーDeNA(21〜)
玉井大翔	2014年度	新日鐵住金かずさマジック(15)ー 日本ハム(16年8位〜)
井口和朋	2015年度	日本ハム(15年3位〜)
樋越優一	2015年度	ソフトバンク(15年育3位〜18)
周東佑京	2017年度	ソフトバンク(17年育2位〜)
岡本直也	2018年度	ソフトバンク(18年育2位〜)
タイシンガー ブランドン大河	2020年度	西武(20年6位〜)
中村亮太	2020年度	ソフトバンク(20年育8位〜)

おわりに

この本では組織作りや育成術、そして教え子たちとの秘話を書いてきたが、最後に1人だけ、どうしても紹介したい男がいる。

佐々木葵（ささき・あおい）だ。秋田・金足農で吉田輝星（日本ハム）の1学年先輩にあたる。兄の新もオホーツク野球部で活躍した投手だったが、弟の葵も才能豊かで、いずれプロ野球の世界に進んでもおかしくない投手だった。

しかし、病が彼を襲った。吉田らが甲子園で旋風を巻きこした2018年の秋のことだ。「膝が痛い」と練習を欠席。病院に行くと診断の結果は「悪性骨肉腫」だった。「このままにしておくと死んでしまう」ということで両ひざから下を切断。その後、腫瘍は肺、さらに全身に転移して今も治療を続けている。想像を絶する闘病生活だが、それでも病室で筋トレをしているというのだから精神力には驚かされる。

彼の病気を知った時は、声をかけられなかった。兄の新から泣きながら連絡がきて、「お前が潰れたらダメだ。弟を支えろ」と言うことしかできなかった。

葵がもし健康でしっかりと練習できていたら、第4章で紹介したNPBに進んだ16

選手の中に入っていてもおかしくなかった。

彼は高度な治療を受けるため東京・品川の病院に来るので会おうと思っている。治療費には相当のお金がかかるので、今回の本の収益はそこに充てたい。

現在、葵のために高校・大学のOB会からも募金が多く集まっているようだ。「親が結構いっぱいいっぱいで」と新から苦労を聞いたので、「OB会などで募金を集めよう」と言ったところ、オホーツク野球部の監督を務める三垣が中心になって動いてくれて、多くの募金が集まったようだ。

こうした輪の広がりは、オホーツクでの30年以上の歴史が為せるものだろう。これからもその輪は広がり続け、たくさんの若者が夢に向かい、野球界や社会でのレギュラー、一流の人間になってもらいたい。

私も世田谷キャンパスの監督として、〝戦国〟とも称される東都大学野球で悪戦苦闘の日々を送っているが、東農大の創始者である榎本武揚先生の開拓者精神を持って、これからも多くのプロ野球選手と、社会で通用する人間を育てていきたいと思う。

二〇二一年八月　東京農業大学硬式野球部監督　樋越勉

STAFF

構成　高木遊
表紙・本文デザイン　下舘洋子(bottom graphic)
カバー撮影　浦正弘
撮影　天野憲仁
編集　花田雪

樋越勉（ひごし・つとむ）

1957年4月13日生まれ、東京都出身。東京農業大学（世田谷）卒業後、日比谷花壇を経て、銀座に花屋を起業。その後、野球指導者へ転向。日本学園高校、東京農業大学で指導を行い、1990年に東京農業大学生物産業学部（現東京農業大学北海道オホーツク）へ。同大では野球部を全国区の強豪へと成長させ、全日本大学選手権に14回、明治神宮大会に2回出場。周東佑京（ソフトバンク）をはじめ、16人もの教え子をNPBへと送り込んだ。2017年12月、東京農業大学硬式野球部監督に就任。

東農大《とうのうだい》オホーツク流《りゅう》
プロ野球選手《やきゅうせんしゅ》の育《そだ》て方《かた》

2021年9月10日　第1刷発行

著　者　樋越 勉
発行者　吉田芳史
印刷所　株式会社 光邦
製本所　株式会社 光邦
発行所　株式会社 日本文芸社
〒135-0001東京都江東区毛利2-10-18 OCMビル
TEL 03-5638-1660［代表］

内容に関する問い合わせは、小社ウェブサイト
お問い合わせフォームまでお願いいたします。
URL https://www.nihonbungeisha.co.jp/

Printed in Japan 112210830-112210830Ⓝ01 (210087)
ISBN978-4-537-21921-0
編集担当　岩田裕介